ちくま文庫

子どものことを子どもにきく

「うちの子」へのインタビュー　8年間の記録

杉山亮

筑摩書房

はじめに

懇意にしている友人が『子どもとゆく』という小さな月刊雑誌をだしている。子どもや教育について、市井の仲間が交互に言いたいことを書いている。

そこで「なにか書いてほしい」と依頼され、軽い気持ちでひきうけた。ところが締切り近くなってもこれといった書きたいテーマが見つからない。そこで思いつきで、当時三歳の息子の隆にインタビューをし、文章にまとめてみた。

そんなことを思いつく人はいないから、これはインタビュー対象者の年齢の下限の新記録だと思う。

するとそれがことのほか好評で、「また、やってくれ」となった。

ぼくの方も、一回めが自分で考えた以上に楽しかったので二つ返事でひきうけ、隆が四歳の時に二本めを書いた。

以後、この子どもインタビューは年一回のシリーズとなり、八年間続いた。雑誌の八月発行号に出るのが定位置となったので、毎年六月の梅雨どきに隆と喫茶店にでかけ、向きあってすわってその時々の心象をたずねた。

この本は、その八年間の記録を一冊にまとめたものだ。ただしインタビュー部分以外は今のぼくの目で見て新しく書きたした。

先に背景を書いておくと、ぼくは一九五四年の東京生まれ。書きはじめたときの住まいは埼玉県西部の観光の町、長瀞《ながとろ》で、途中から狭山市にひっこした。

職業はおもちゃ作家。

学校を出てすぐ保父になり、保育園で五年、幼稚園で二年働いたが考えるところあってやめ、三〇代からは木のおもちゃを作ったり、児童雑誌に迷路やパズルを書いたりして食べていくようになった。

長瀞駅から歩いてすぐのところに「おもちゃいろいろ・なぞなぞ工房」の看板をだし

て、糸鋸《いとのこ》でおもちゃを作りながら同時に販売している。

妻の名は真紀子。同い年で、ぼくが作ったパズルを包装したり、発送したりするのは彼女の仕事だ。

子どもは二人。

上が朋子で、下がこの話の主人公の隆だ。

二人は二歳違いで、そろって近くの保育園に通っていた。

このインタビューを重ねるうちに、隆は三歳から一〇歳に、ぼくは三五歳から四二歳になった。

結果として、一人の子どもの幼年から少年にいたる過程を追いかけた記録だから、そのゆっくりした成長ぶりを楽しんでいただければそれでいいのだが、子どもと大人のいい関係をさぐる試みのひとつとして受けとめてもらえれば、よりうれしい気がする。

目次

詩（中扉裏）　谷川俊太郎
本文イラスト　杉山亮

子どものことを子どもにきく

ここどこかしらない　でもぼくいる
いまいつかしらない　でもぼくいる
ぼくだれかしらない　でもぼくいる

はななまえしらない　でもきれい
さかななまえしらない　でもたべる
こころははらっぱ　こころはうみ

だけどこころはだんだんまちになる
ことばのみち　ことばのたてもの
そのしたのマグマをみんなわすれる
ことばだらけのこころになって

I　八年間のインタビュー

1

三歳の隆さん

神を語る

一九八九年六月

(1) インタビューの前に

日曜日の朝、隆の手をひいて駅前の喫茶店に向かった。

御指名で連れだされた隆は、（おねえちゃん抜きで今日はどういうわけだろう。自分にだけなにかいいことがあるんだろうか）と、うれしさ半分不安半分の表情ながら、とにかくもついてきた。

子どもにしてみれば、これで行先が予防注射や歯医者で一杯食わされたというケースはおうおうにしてあるのだ。

店に入り、椅子をひいて抱っこしてすわらせてやるとニコニコ喜んでいる。

ぼくは反対側にすわって、とりあえずラジカセのスイッチを入れた。

このあとはまったく台本がない。

考えてみると、姉の朋子の方が口が達者なので、隆とだけで長い時間話したことはほとんどないことに気づいた。

(2) インタビュー

字が読めなくても困らないよ

あきら　さて、なににしようか?（と、メニューを見る。隆ものぞきこんでくる。）あはは、見たってわからないよね。じゃ、ところてんとホットをください。

店　員　はーい。

あきら　隆さー、字が読めなくて困らない？

たかし　うん。

あきら　看板なんか見て、なんて書いてあるのかなーって考えることない？

たかし　ある。でも、「なぞなぞ工房」っていうのはさ、読めるよ。

あきら　（笑）いつも見てるもんなー。

たかし　（笑）うん。

あきら　それでもやってけるんだ。

たかし　うん。

あきら　隆、今住んでる町、ここ、なんて町だか知ってる？

たかし　うーん……。

あきら　ここ、なんてとこ？

たかし　うーん……。

あきら あの駅、なんていう駅？

たかし んー、長瀞駅前。

あきら そうそう。じゃあさあ、隆の住んでいるここはなんて国？

たかし んー、なぞなぞ工房。

あきら ちがうちがう、国だよ。

たかし うーん、……わかんない。

あきら わかんない。そうかあ、あのねえ、ここ日本って国だよ。

たかし （笑）えー、日本はおばあちゃんの所でしょう？

あきら （笑）えー、じゃあここは一体どこだ？

たかし （笑）

（この時、鳩時計が一〇時を告げる。扉があいて鳩が鳴くのを二人でしばらく眺める。）

あきら 今、何時だ？

たかし うーん（しばらく文字盤を見て）、わかんない。

あきら いやー、すごいなあ。（と、しみじみ。）字が読めなくて、今いる所がわからなくて、今がいつかもわかんなくって、それでもやってけるわけだー。

たかし　（なんだかわけわからないけどニコニコ。）

夜。こわくはないよ、でもね

あきら　ねえ、前から聞いてみたかったんだけどさ、夜、隆とおねえちゃんがふとんに入るじゃない。それで、お話をして、おとうさんは隣の部屋に行っちゃうじゃない。そのあと、二人でなにやってるの？

たかし　うーん。なんにもしない。

あきら　隆とおねえちゃんとどっちが先に寝ちゃうの、いつも？

たかし　おねえちゃん。

あきら　おねえちゃんなの。じゃそのあと、隆は一人でなにやってるの？

たかし　んー。

あきら　眠れない時はどうしてるの？

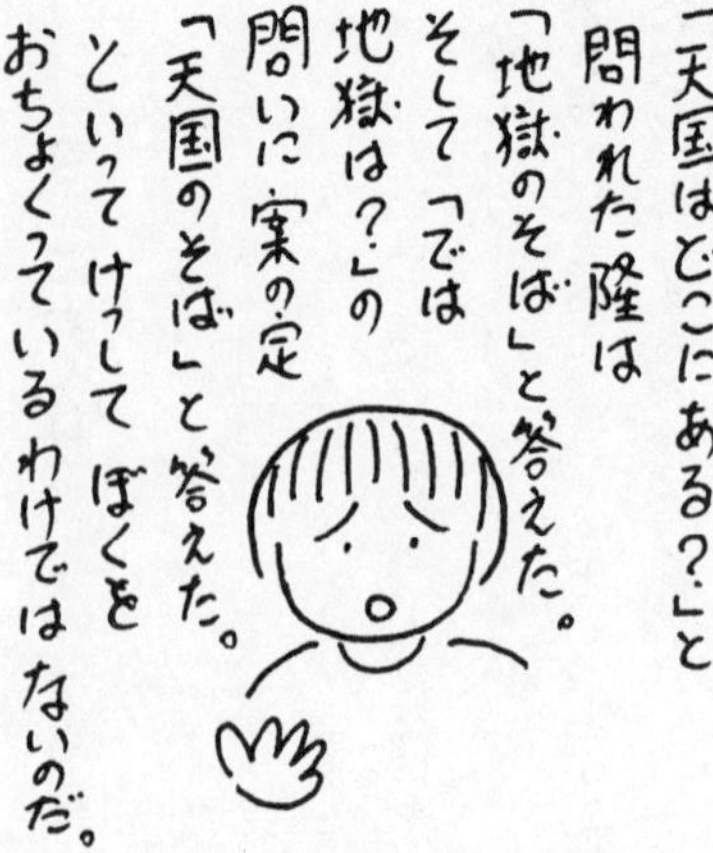
「天国はどこにある？」と
問われた隆は
「地獄のそば」と答えた。
そして「では
地獄は？」の
問いに案の定
「天国のそば」と答えた。
といって けっして ぼくを
おちょくっているわけではないのだ。

たかし　んー、起きてるの。

あきら　（笑）だからさ、起きてなにしてるの？

たかし　んー、ご本、読んでる。

あきら　うそだよー。真暗だもの。

たかし　（笑）

あきら　どんなこと、考えてるの？

たかし　考えごとはね、神様に教えてもらってんの。

あきら　なんだ、そりゃ。（わけ、わからん。）神様になに、教わってんの？

たかし　ん、体操だよ。（と、きっぱり。）

あきら　？（ますます、わけわからん。）ふとんの中で一人で体操してるの？

たかし　ううん、それは起きてからだよ。
あきら　？（全然わけわからん。）（気をとりなおして）ねえ、夜ってこわくない？
たかし　んー、こわい時もある。
あきら　そう。どんな時、こわかった？
たかし　んー、今日。
あきら　今日？　どうして、こわかったの？
たかし　ん？　こわかったからだよ。
あきら　？
（ここでところてんとコーヒー到着。）

はじめて食べるものっておいしい

あきら　さ、どうぞどうぞ。これ、なんていうのか知ってる？
たかし　んー、わかんない。

インタビューの夜、
隆は
この世で
一番
おいしい
ものは おでんだと
断言した。
それは
今日の夕飯の
おかずではないか。

あきら　これ、ところてんていうの。
たかし　ふーん。じゃ、これはところコーヒー？
あきら　(笑) これはただのコーヒー。
たかし　(もぐもぐ)
あきら　冷たい？
たかし　(もぐもぐ)
あきら　すっぱい？
たかし　(もぐもぐ)
あきら　おいしい？
たかし　(もぐもぐ) あー、うん。
あきら　そう。よかったね、どんどん食べて。隆さー、生まれてから今までで一番おいしかった食べものってなに？

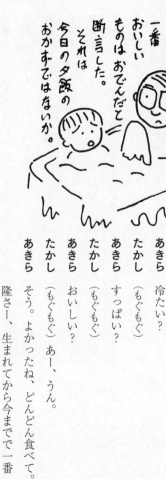

たかし　うーん、これ。

あきら　（笑）ところてん。それはよかったねー。どうぞ、どうぞ。（安あがりでいいわ。）いつでもはじめてのものが一番おいしいとしたら、いいなあ。

たかし　うん。食べたことないものって、いつでもはじめて。

あきら　そうだよねえ。ところてんじゃなくて、他においしいものってなに？

たかし　うーん。今日のごはん。

あきら　うらやましい。

男は父が生み、女は母が生む

あきら　隆さあー、自分の隆って名前、どう思う？

たかし　ん？

あきら　名前ってさあ、ひろしでもごんべえでもだいさくでも別によかったんだよ。でもいろいろ考えて、隆にしたの。どう思う？　他の名前の方がよかった？

たかし　隆でよかった。だってさー、保育園でたかしとたかしなんだもの。（保育園にもう一人、仲のいい子でたかしくんという子がいる。）

あきら　（笑）そうか、よかったよ。あれ、おとうさんが最初に考えたんだよ。

たかし　ふーん。だって隆はおとうさんから生まれたんだもんねー。

あきら　（絶句）そうか、おねえちゃんは？

たかし　おねえちゃんは女だからおかあさんから。

あきら　……。じゃ、隆は生まれる前はおとうさんのおなかの中にいたんだ。

たかし　うん、そうだよ。

あきら　おなかの中のこと、おぼえてる？

たかし　うん、あったかいんだよ。

あきら　ほんとう？　それで、中でなにやってたの？

たかし　うーん。テレビ、見てたの。

あきら　（笑）あっ、そ。なに、見てたの？

たかし　えーとねー、「♪こころにぼうけんを～」（「アニメ三銃士」の主題歌）とか。

あきら　ふーん、おなかの中ってけっこうおもしろいんだね。じゃあ、なんで出てきちゃったの？

たかし　うーん、だって生まれちゃったんだもの。

あきら　あー、そうかあ。で、男に生まれてよかった？　それとも女の方がよかった？

たかし　うーん、おとうさんは？

あきら　うーん。（逆につっこまれてみると、これが愚問であることがよくわかる。男しかやったことがないのだから、どっちがいいかわかりようもない。なんにしろ自分がかわいいには違いないだろうが。）

男かなあ、やっぱり。

たかし　隆は女の方がよかった。

あきら　ふーん。どうして？

たかし　だって、女の方がごはんたくさん食べられるから。

あきら　ええ？　そうなの？　誰がそんなこと言ったの？

たかし　ん、神様だよ。

あきら ？（またまた、わけわからん。）

神様の素顔は

あきら 神様って、どこにいるの？

たかし 神様はこころの中にいるんだよ。

あきら こころねえ。こころってどこにあるんだろ？

たかし こころって頭の中だよ。

あきら 頭がこころなのかあ。でも神様ってどんなかっこうしてるんだろうねえ。

たかし うん、知ってるよ。

あきら 知ってるの、どうして？

たかし だって隆もおなかの中にいたんだもん。

あきら おなかと頭じゃ違うじゃない、場所が。

たかし うん。でも、見えるよ。

あきら　（笑）ああ、そうかもしれない。で、どんなかっこう、してた？

たかし　変な顔だよ。

あきら　変な顔、どんなの？

たかし　あのねー、目がおひげのとこにあってねー、頭がほっぺたのとこにあってねー、それで鼻が頭のとこにあったの（笑）。

あきら　そりゃ変な顔だねー（笑）。で、神様って、なにする人なの？

たかし　うーん、体操教えてくれる人。

あきら　（これがわけわからん。もしかすると、「ひらけ！　ポンキッキ」で神様体操とかなんとかやってるのかしらん？）

なんだかよくわからないけれど、神様って一人なの、大勢なの？

たかし　うん。大勢だよ、一〇〇人だよ。

あきら　一〇〇人ねえ。でもさ、一人一人の頭の中に一人ずつ神様がいるとしたらさ、一〇〇人じゃたりないよ。

たかし　？　でも、いいの。一〇〇人でみんなでね、相談してんの、いつも。

神様の百人委員会
神様の主席
書記長
NO.3
NO.4
NO.5
この辺までは民の信仰も厚い。
でも
ゾロゾロ
ゾロゾロ
神様のNO.94
神様のランクもこのあたりになると存在理由がよくわからない。

あきら　そうだったのか！　なにを相談してんの？

たかし　だから、体操のことだよ。

あきら　うー。

神と悪魔は仲がいい

あきら　それじゃあさ、悪魔って知ってる？

たかし　ん、「悪魔くん」？

あきら　「悪魔くん」じゃなくて悪魔。

たかし　知ってるよ。

あきら　ふうん、悪魔はどこにいると思う？

たかし　ん、悪魔も頭の中だよ。

あきら　悪魔もか。何人？

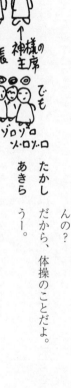

たかし　ん、神様と同じだよ。

あきら　悪魔も一〇〇人かあ（笑）。神様と悪魔が一〇〇人ずつで頭の中か。それで悪魔はなにをするの？

たかし　悪魔はね、リズムを考えて作ってるの。

あきら　体操の？

たかし　うん。

あきら　だって神様と悪魔って仲、悪いんじゃないの？

たかし　ううん、仲がいいんだよ。

あきら　そうなの。けんかばかりしているのかと思った。

たかし　うん。そうなんだけどね、ほんとうは仲がいいんだよ。

あきら　そうだったのかあ。（ありうると思う。アメリカとソ連が実はとっても仲がよくって、世界をだます大芝居をしてたりして。）じゃあ、隆の中には神様と悪魔が両方いて、いちいち「ああしなさい、こうしなさい」って言ってんだ。

たかし そう。あとねー、「♪こんなこといいな、できたらいいな」のね、ドラえもんもいるんだよ。

あきら うー。

人間でよかった

あきら ねえ。世の中にはさあ、犬とか猫とか牛とか馬とかいろんなのがいるじゃない。その中で自分がなんだか知ってる?

たかし んー、わかんない。

あきら 虎とか象とか人間とかさ。

たかし 人間。

あきら (なるほど、自分が人間だって知らなくったって生きてけるわけだ。)人間やってて、どう? いい?

たかし うん、いい。でも、狸でもよかった。

あきら　（笑）狸！
たかし　うん（笑）。（と、ポンポン、おなかをたたく。）
あきら　じゃあ、隆、今の生き方に満足？（三歳の子どもにきくセリフじゃないよな。）
たかし　ん？
あきら　うーん、毎日、おもしろい？
たかし　うん。
あきら　そう、よかった。でも、なんかつまらないこともあるのかな？　あったら言ってよ。
たかし　……。（長ーい沈黙。）うーんとね、ほんとはねー、テープよりねー、考えごとの方がよかった。
あきら　えーと、それはこんなふうにお話しするより自分で思ってる方がよかったってことかな？
たかし　うん。体操と考えごとの方がよかったなー。
あきら　（長ーい沈黙。）そうかあ。毎日おもしろい？（さっきと同じことを訊いてしまっ

インタビューのあと.
隆は
自分だけ
おいしいものを
食べたことを
家で待つ
姉に 言っても
いいものか
どうか 迷っていた。
それは それは 迷っていた。

た。）

たかし　うん。だって隆のおなか、もう直ったもん。

あきら　うー。（わからん。）まあー、これからも、よろしくね。

たかし　うん（笑）。

(3) インタビューを終えて

このインタビューには四五分のテープを丸々一本使った。

隆はここに載せた部分の他に保育園での遊びのこと（とくに大好きなおうちごっこのことと ターボレンジャーごっこのこと）、結婚のこと、理想の女性のこと、老後のことなどのむずかしい質問にも、臆せず誠実かつトンチンカンに答えてくれた。

友だちのまいちゃんの家に遊びに行く予定を午後にまわして貴重な時間を作ってくれたこととあわせて、記して感謝。

それにしてもこのインタビューの冒頭のシーンは破壊力がある。

ここがどこかわからなくて、今がいつかわからなくて、壁に書いてある字が読めなかったら、大人ならパニックだろう。

ところが隆は、その状況下でもニコニコしていられるのだ。

どうも、そういうことは一番大事なことではないらしい。

このくらいの年齢では子どもはまだ神様に近いというか、別世界を生きているということなのかもしれない。

普通、大人同士のインタビューは同じ言語体系を持ち、ある程度共通の常識やマナーにのっとって行われる。

だから、「イエスかノーか」とたずねれば、ちゃんと質問の趣旨に沿って、そのどちらかの答えが返ってくるはずだ。

仮に、その答えがインタビューアー個人の見解とは違っていても、インタビュー自体はちゃんと成立する。

では「イエスかノーか」とたずねたときに「おまんじゅう」とまじめに答えられたら、インタビューアーはどう対応すればいいのだろう。

今日のインタビューはまさにそれだった。答えはハチャメチャだが、一応貴重な記録のような気もする。

あと数年もすれば、隆の口のきき方もぼくたち大人のそれに近いところになってくるだろう。

隆はあるものを獲得する分、あるものを失うだろう。

このインタビューの隆のことばには、やがて世間にあわせて体系だてていくことで見失われるだろう自分語とでもいうべきキラキラしたことばの跳躍が随所にあって、ぼくには聞きごたえがあった。

2

四歳の隆さん 仕事を語る

一九九〇年五月

(1) インタビューの前に

初夏の晴天の日曜日。

妻に工房の店番を頼んで、また隆と手をつないで昨年と同じ駅前の喫茶店に行った。

隆は今、たけのこ保育園の年中児「きじぐみ」の一人になっている。

長瀞名物ライン下りの舟着場にゾロゾロ向かう観光客の列を窓越しに見ながら、テープレコーダーのスイッチを入れた。

(2) インタビュー

パン屋さんじゃなくてレストラン

あきら さてとなんにしようかな? じゃ、ところてんとコーヒーゼリーをください。

(「はあい」と店員去る。)

たかし コーヒーゼリーってなあに?

あきら 待ってな、見せてあげるから。

たかし 知ってる。コーヒーみたいな色してて、四角いのがいっぱいあるやつでしょ。

あきら そうそう。じゃ、ところてんって知ってる?

たかし ううん、知らない。

あきら　あ、そう。食べたことあるんだけどなー。

たかし　ふーん。

あきら　ねえ、この前言ってた話さー、隆、大きくなったら飛行機のパイロットになって、それでフライトのない日にはパン屋さんやりたいって話、ほんと？

たかし　パン屋さんじゃなくてレストランでしょ？

あきら　あれ、そうだっけ。（この前は絶対パン屋って言ってたぞ。車を運転しながら、後ろの席で隆が姉の朋子と話しているのをぼくは聞いていたのだ。）

たかし　パン屋はおねえちゃんだもの。

あきら　それ、とってもいい考えだなあ。ねえ、飛行機に乗るにはどうすればいいか知ってる？

たかし　ん？　知らない。

あきら　どうすればいいと思う？

たかし　うーん。まず、飛行機作らなくちゃね。（隆、大まじめ。）

あきら　おお、そーかそーか。で、どうやって？

誰でもできる簡単なハイジャック
要求をきかないとひもを切るぞ!

たかし ん、どうやってって……。鉄をいっぱい集めなくちゃね。(隆、訳知り顔。)

あきら なるほどなるほど。で、鉄はどこで?

たかし ん、鉄はね、ジュースとかいっぱい缶を集めるの。(隆、きっぱり。)

あきら ヒーヒー。そうかあ、空き缶でね。

たかし うん、そうしてね、一回色をなくしてね、みんな白にするの。

あきら そうだね、飛行機って白っぽいよね。それから?

たかし ん、缶と缶をくっつけるの。

あきら うん、どうやって?

たかし　のりで。
あきら　うーん、のりじゃだめじゃないかな。
たかし　じゃ、ひもでしばる。
あきら　じゃ工房のタコ糸使っていいよ。（ぼくのおもちゃはけっこうタコ糸を使って作るものがある。）あれは強いから。
たかし　（笑）タコ糸じゃだめでしょう。もっと太くなくちゃ。
あきら　もっと太いのって？
たかし　おねえちゃんのコマまわしのひもならいいな、あれが長ければ、うん。（と、力強くうなずく。）
あきら　……。（落語ネタの「馬鹿の兄弟」を思いだす。「夜、弟が物干しで棒をふりまわしていると兄が来て『おまえ、なにやってんだ？』『うん、あたい、お星さま取ろうと思って』『ばか、そんなんで星に届くもんか、もう一本、棒をつなげ』って話」。）で、電気はどうするの？
たかし　電気いるの？

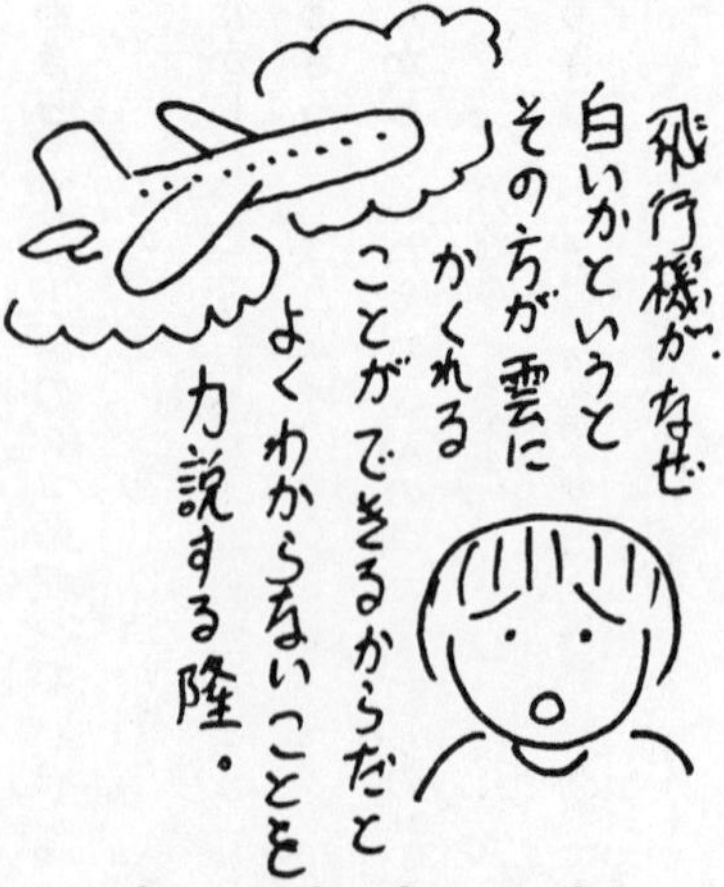
飛行機がなぜ
白いかというと
その方が雲に
かくれる
ことができるからだと
よくわからないことを
力説する隆。

あきら　飛行機、電気ないと飛ばないよ。
たかし　え、どうして？
あきら　だって夜飛ぶ時なんかどうするの？
まっくらじゃあぶないよ。
たかし　おうちをいっぱい作って、その電気を食べればいいじゃん。
あきら　ん？
たかし　でも、飛行機ってどうやって光るんだろう？（本当に不思議そう。）
あきら　そうそう、夜なんかチカチカしながら飛んでるねえ。
たかし　どうやって光るんだろう。（ほんとにほんとに不思議そう。）

ん、インドだよ

あきら　で、飛行機に乗ってどこへ行きたいの？
たかし　ん、インドだよ。（サラッと言う。）
あきら　（ひざを叩いて）そうかあ、インドかあ。
たかし　おとうさんの知ってるインドだよ。
あきら　うんうん。（昨年ぼくは二〇日ほどインドに行った。またぼくの友だちにはなぜかインド好きが多くて、子どもの前でもよくインドの話になる。）
あと、他には？
たかし　他の国？　うーんとねえ、日本から近い、うーん、大島だよ。
あきら　（ズッコケつつ）大島な、日本だけどな。（隆は飛行機で伊豆大島のぼくの友人の所に行ったことがある。）
たかし　（突然気づいたように）でもさ、飛行機乗っててガソリンなくなっちゃったらどうする？（真剣な表情。）

あきら　スタンドに寄ればいいんだろ？

たかし　えー、見たことないなあ。（と思案顔。）

あきら　……。（本人がすでにパイロットになりきって考えているのに、ちゃかして悪かったかとちょっと反省。）

たかし　（決意をこめて）がんばって飛ぶ。

あきら　そうかあ、うん、がんばればいいね。（無責任になんでも相槌。）

（ここでところてん到着。それを見て。）

たかし　あ、これかあ。

（しばし食事）

あきら　おいしい？

たかし　（もぐもぐ）

あきら　すっぱい？

たかし　うん、おしょうゆがいっぱいかけてあるもの。

あきら　つめたい？

たかし　(笑いながら) つめたいに決まってるでしょう。

あきら　(笑) (おまえ、さっき「ところてん食べたことない」って言ったろうがと思う。)

たかし　あ、おとうさん。ところてんってなんでできてるのか知ってる？

あきら　ううん、知らない。(なにを言いだすのか興味津々でついこう答えてしまった。知ってるなら知ってると言うべきだったか？)

たかし　氷のお水とねえ、あと、スパゲッティを四角く切ったんだ、きっと。

あきら　(子どもって、いつでも自分の持ってる知識を総動員して真相に迫ろうってところがえらい。)

隆の好きなものだよ

あきら　でさあ、インド行ってなにやるんだい、いったい？

たかし　ん、インドで……。うーん、ただインドへ行くだけ。

あきら （虚を突かれた感じ）……。あーそうかあ。……。うん、それでいいんだね。インドはただいるだけでおもしろいよ、なにもしなくても。

たかし おもちゃ、ない？

あきら あんまり、ない。でも、おもちゃなんかいらないくらいおもしろいよ。

たかし どうして？

あきら あのね、川のそばで一日すわってるとね、お日様が体にあたるの。風が吹いてくるの。人が行ったり来たりするの。そのひとつひとつが十分おもしろい。そういうとこだよ。

たかし ふふふ、変なとこ。

あきら それじゃ今度はパン屋さんの話ね。

たかし レストランだよ。パン屋はおねえちゃん。

あきら 一緒にやればいいじゃない？

たかし いやだ。

あきら どうして？

たかし　おねえちゃん、いじわるだから。
あきら　どんなふうに？
たかし　今日なんかねえ、隆に一度しかサイコロふらせてくれなかった。
あきら　ビンゴの時？　かわりばんこにふってたんじゃないの？
たかし　ううん、そうじゃない。おねえちゃんはねえ……。（と、しきりにゴニョゴニョ言ってるがなんだかよくわからない。でも本人はえらく憤慨している。）
あきら　そうかあ、困ったもんだなあ。（と、またも無責任な相槌。）
たかし　それに、おねえちゃん、いばった。
あきら　そうかあ、やさしい時もあるんだけどね。
たかし　……。（聞く耳持たぬ風。）
あきら　それで、レストランではなにを売るの？
たかし　なんでも売るよ。
あきら　だからなにを？
たかし　隆の好きなものだよ。

あきら （ひざを叩いて）いい！ それ、絶対いいよ。レストランとか食堂ってさ、どこ行っても同じもんが出てくるんだもの。お店の人が自分の好きなものを食べさせる店が、あちこちにいっぱいあればいいんだよね。で、なにを食べさせるの？

たかし うーん、ほうれん草。

あきら ほうれん草ライスね。それから？

たかし とまと。

あきら それから？

たかし あと、きゃべつ、だいこん。

あきら うん。でもそういうものを料理して出すんでしょ？

たかし 違うよ。ボーンとそのまま出るんだよ。それで自分で作って食べるんだよ。

あきら （頭を叩いて）おーっと、レンタル・キッチンね！ うーん、あたれば大もうけだけどね。どうだろう？ （ホカホカ弁当の店が町に出はじめた時、「誰が弁当なんか買うんだろう、すぐにつぶれる」と思っていたら、あんなにはやった。だから自分の推測に自信がない。)

たかし　でも、そうすると自分のやることがなくなっちゃうかなあ。(真剣に悩む。すでにレストラン店主になりきっている。一瞬で空想世界に突っこんでひたりきれる、この加速力がすごい。)

あきら　いいんだよ、それで。そうすると何日に一回くらい飛んで、何日に一回くらいレストランやるの?

たかし　うん、一日で飛行機飛ぶよ。

あきら　で、その次の日が?

たかし　お帰り。

あきら　あ、そうね。で、次の日が?

たかし　レストラン。

あきら　いい、いい。とってもいい。

作るのめんどうくさいもんね

あきら ねえ、飛行機に乗るといくらぐらいお金もらえるか知ってる？
たかし ん？ 知らない。
あきら いくらぐらいだと思う？
たかし うーん、千円くらい？
あきら 千円じゃあ暮らせないなあ。
たかし ええ？ そうなの？
あきら うん。でもパイロットはいっぱいもらえそうだなあ。
たかし お金持ちになっちゃう？
あきら うん。それでレストランもやれば大金持ちだよ。
たかし よかった。お金って作るのめんどうくさいもんね。
あきら （ん？ また変なことを言いだしたぞ。）……。お金って自分じゃ作れないんだよ。

隆の結論として
一番
もうかる
職業は
画家。
なぜなら
お札を
ほんもの
そっくりに
描ける
からだ
そうだ。うむ。

たかし　うん。鉄がなくっちゃね。

あきら　（笑）ああ、そうそう。いや、紙のお金もあるんだけどね、なかなかそっくりには描けないんだよ。ちょっと待ってよ。（と財布から千円札を一枚とりだす。）ほら、このまんなかの白いとこ、よく見てよ。（すかしを光の方に向ける。）ここにも一人いるでしょ。

たかし　あ！　ほんとだ！

あきら　すかしっていうの。こんなの描けないよ。では、ここで問題です。このおじさんはなにをした人でしょう？

たかし　わかんない。

あきら　あててごらん。ほんとにいた人なんだよ。

たかし　ほんとにいた！　でももう死んじゃった？

あきら　うん、死んじゃった。

たかし　うーん、うーん、働いた人？

あきら　そう。なにしてだ？

たかし　じゃあ、お店屋さん。

あきら　ブーッ。（お店屋さんなんかがお札にのるのってとってもいい。えらい人が採用されなくてもお金の役目を果たせればいいのだ。あと記念切手みたいに毎月何種類も千円札が発行されると、買物の時のお金のやりとりが楽しくなると思う。）

たかし　うーん、お勉強した人。

あきら　近い！

たかし　本、作った人。

あきら　あたりー。すごいじゃん。この人、夏目漱石っていってね、本いっぱい書いたんだよ。「吾輩《わがはい》は猫である」なんての。

たかし　アッハッハッ。変なの。

あきら　「坊っちゃん」てのもあるよ。

たかし　アッハッハッ。「おぼっちゃまくん」（TVでやってる）みたい。

あきら　アッハッハ。（なんでこんなにおかしいんだか。）でね、こんなに細かいの、そっくりに描けないじゃん。だからね、働かないとお金は手に入らないの。

たかし　ふーん、じゃお金って誰が作ったの？

あきら　誰だと思う？

たかし　お金屋さん？

あきら　ああ、お金屋さんていいなあ。

たかし　お金屋さんてお金持ちだよねえ。

あきら　そうだねえ。でもね、飛行機ボンボン飛んで、レストランにバンバンお客さんが入れば、隆だってお金持ちにはなれるよ。

たかし　うん。

好きなお仕事はお金もうかる？

あきら　でもねえ、ほんというとね、そんなにガンガン働かなくても食べていけるの。
たかし　どうして？
あきら　あのね、ぼくはもうわかっちゃったけどね、世の中ってね、ほんとにやりたいことをやってるとなんとか食べていけるようになってるみたい。反対にね、やりたくもないことを「食べるためだからしょうがない」なんて感じでやってると食べていけないみたい。うん、やりたくない仕事はお金もうかんない。
たかし　好きなお仕事はお金もうかる？
あきら　うん、もうかるしね、もし、もうかんなくても楽しく暮らせる。それで楽しくしてるとお金ってなんとかなっちゃう。
たかし　だんだん大きくなってくる？
あきら　（まさか財形貯蓄なんて考えてるんじゃあるまいな。）そうそう。でも、あんまりたくさんはいらないの。

たかし どうして？

あきら 「どうして？」うーん。（まじめに答えたいと思った。）お金たくさんあるとね、いろいろなものをたくさん買っちゃうでしょ。そうするとさ、うちの中に置くとこなくなっちゃうから。（うまく答えられなかった。）

たかし じゃ、お金あげちゃえばいいじゃない？

あきら （こいつ、あまり大切に思ってないな。）あげちゃうって誰に？

たかし 誰かお金のない人に。

あきら ああ、そうか。（単に価値を知らないだけか。でもぼくも小さい頃、ガード下のこじきを見ては素通りしていく大人たちに義憤を感じるヒューマニストだったな。）お金のない人ってどんな人かな？

たかし ん、たとえばお金をちょっとしか持ってない人。一円しかない人。

あきら ああ、そうだね。（四歳の人に「たとえば」なんて説明されると、なんだかとってもおかしい。）そうなんだけどね。お金って魔力があるからなあ。持ってるとあ

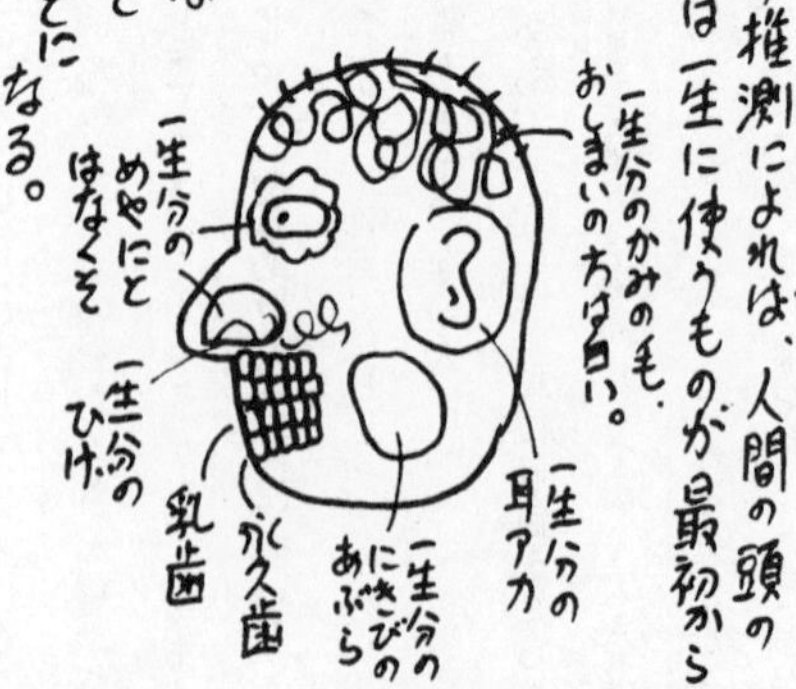
隆の推測によれば、人間の頭の中には一生に使うものが最初から全部入っている。だからずがいこつの中の大半は毛玉ということになる。
一生分のかみの毛。おしまいの方は白い。
一生分の耳アカ
一生分のにきびのあぶら
永久歯
乳歯
一生分のひげ
一生分のめやにとはなくそ

げたくなっちゃうんだよ。で、隆はお金持ってない人、知ってる？

たかし　うーんと……。ねえ、おとうさん、お鼻の下のとこ、ピンクくなってる。

（上手に話題を変えた感じ。）

あきら　あ、ああ、ここ。ひげそり失敗したんだよな、ふふ。隆も大きくなったらひげはえてくるよ。

たかし　そしたら隆も洗面所でそるんだよね。

あきら　大きくなったら練習しなきゃな。ぼくはもう二〇年くらいやってるけど、まだ上手にそれないもん。

たかし　まだひげ、はえてないな。今はどこにあるの？　中に入ってるの？

あきら　さあねえ。（まじめに考えたが、ほんとにわからない。）でもね、ひげがはえてくるとおもしろいんだよ。夏になるとビールを飲むでしょ。それでグイッと飲むとね、ひげにあわがついちゃうの。それをフッて、吹きとばすの。

たかし　うふふ。

あきら　ひげがはえるとできるの。だからこれは男にしかできないんだな、ふふふ。そのうち一緒にやろうな。

たかし　うん。うふふ、変なの。

(3)　インタビューを終えて

今回も四五分のテープを丸々使った。

あらかじめ質問は用意せず、すべて成りゆきだったが、話はよどみなく続いた。

あいかわらず隆はトンチンカンなことを言ってぼくを煙に巻く。

でも一年余分に生きた分、ちゃんと知識も増え、論理的な考え方もするようになっていて、たとえば飛行機をどうやって作るかという話など自分の知識を総動員し、全知全能を振りしぼって答えをだそうとするあたりはなんとも迫力がある。

ほんとうは、大人だってそんなことは知らない。でも知らなくても生きていけることを知ってしまっただけだ。

また、「たとえば……」などという言い方を隆は使うようになった。「一応」とか「まあまあ」とかのいかにも処世に都合のよいことばがでてくるのもそんなに遠くはないだろう。

天真爛漫の幼年時代はまさに盛りなのだけれど、しかし少しずつ確実に大人への階段を登っているのがわかる。

うれしいようでしかし淋しい、というのはやはり勝手な感想なのだろう。

3 五歳の隆さん 迷えるときを語る

一九九一年六月

(1) インタビューの前に

隆は五歳。保育園では年長児「わしぐみ」の一員として、毎日、山や川をかけずりまわっている。

さて、今回のインタビューには最初から聞きたい話があった。

毎年六月は幕張メッセで東京おもちゃショーが行われる。バンダイ、タカラ、トミーといった日本の主なおもちゃメーカーが、これから売りだす予定の品をズラッと並べる見本市だ。

このイベントは回を重ねるごとに人が増え、この頃では家族連れとTVゲームの新作ソフトをやりたがる若い子とで、「押すな押すな」の賑わいをみせる。おもちゃに関連して特設ステージでは「ひらけ！ ポンキッキショー」とか、「ジェットマンショー」とかが行われ、こちらもお祭り騒ぎになる。

ぼくは趣味と仕事をかねて、このイベントに毎年家族を誘っていそいそと出かけていく。

各メーカーごとにおもちゃで遊ばせてくれるし、シールだのバッジだののもらいものも多くて朋子も隆も大喜びなのだ。

さてそこで今年も先週の土曜日にでかけたのだが、なんとその幕張メッセの、東京ドーム何個分とかいう大会場の中で隆は迷子になった。

再び会えたのは二時間後。

その間の一人ぼっちの隆の心境を聞こうというのが今回のインタビューの眼目だ。

場所は長瀞の観光ホテル内のレストラン。

川に面して広いガラス窓のある、ぼくら親子にはやや場違いの、「隆！　バニラクリームはな、ウェハースだけ先に食べるんじゃない。上品にやれ上品に！」と思わず叱咤したくなるくらい美しいシチュエーション。

平日の夕方で、隆は保育園が終った直後だ。

(2)　インタビュー

お昼寝がいやだ

あきら　どーも、お疲れさま。

たかし　うん。

あきら　どう、保育園は？

たかし 楽しくない。
あきら なんで?
たかし うーん、プールや川の時は楽しい。あと遊んでるときは楽しい。給食も楽しい。
あきら じゃあ、楽しいんじゃない。
たかし あのねえ。お昼寝がいやだ。
あきら お昼寝かあ、みんなそう言うよな。
たかし 遊べないんだもの。
あきら なんでお昼寝するんだと思う?
たかし わかんない。おとうさん、知ってる?
あきら そうだなあ。お昼寝しないとさあ、隆たちが寝てる間、先生たち別の仕事ができないんじゃないの?(素直な答えじゃないけど、いくらかは当たっているはず。)
たかし それなら、なんで二階で静かに絵を描いてちゃいけないの?
あきら (オーッと技あり!)そ、そうだよねえ。でも午前中いっぱい遊んで疲れてる日は、やっぱり寝た方がいいんじゃないの。

たかし　疲れてない日だってあるよ。

あきら　そりゃそうだけど。（どうも全部共鳴できちゃうから困っちゃう。）

たかし　遊んで暮らすのがいいなあ。おとうさん、寝るの楽しい？

あきら　うーん。でもさあ、寝た方が大きくなれるんじゃないの？（我ながらつまらないこと言ってる。）

たかし　（勢いこんで）別に年に一回、お誕生日が来るんだからいいじゃん。同じことだよ。

あきら　……。（なんかよくわからないけど説得されたような気がする。ぼくは身長のことを言ったんだけど、そりゃまあ大きかろうが小さかろうが「生きつづける」ってことの大事さからみれば「同じこと」にすぎないなあ、うん。）

たかし　でもねえ、今日は保育園、ラッキーだった。

あきら　なにが？

たかし　あのねえ、給食の時、三川さん（担任の保母）がみんなのパンにどどめ（桑の実）のジャム塗ってね、最後にぼくの口にスプーンいれてくれた。

あきら それを隆がペロッとなめて、スプーンをきれいにしたわけ？
たかし うん。みんな「隆くんだけずるい」って言った。（嬉しそう。）
あきら ヒッヒッヒッ。（なんか子どもって深遠に生きてるかと思うと、こーんなに単純。）
良かったね、ラッキーがいっぱいあるといいね。（これはほんとにそう思う。）
たかし うん。

おとうさん、前、約束したでしょ

あきら それでさあ、今日はあの話を聞きたいんだけど……。
たかし なに？
あきら あの、幕張メッセで迷子になった時の話。
たかし ……うん、いいよ。
あきら （実はこの話は本人とまだちゃんとしていない。姉の朋子［小学二年］が妙に気をまわして「おとうさんもおかあさんも隆のこと、そっとしといてあげな」なんて、その

歌手
隆が迷子になった所
すっごい人
おもちゃ
隆だけスーッて前に
杉山家の人々

日の帰りの車の中で言うから。朋子は朋子でぼくたちが隆のことを叱ると思ったのだろう。）

たかし　あのさあ、お弁当食べたあと真ん中のステージでTARAKOが歌、歌ってたじゃない、ちびまる子ちゃんの。で、ぼくら横にいたのにさ、隆だけスーッとお客さんの中に入っていっちゃったじゃない。あれ、前のほうに行って聞いていたの？

あきら　うん。

たかし　それがそもそもの始まりだよな、それで「ピーヒャラピーヒャラ、踊るポンポコリン」が終わったあと、どうしたの？

たかし おとうさんたちがどこにいるか、わかんなくなっちゃったの。

あきら ずっと同じとこにいたんだけどね。みんな一斉に立ったから見えなくなっちゃったのかもな。それでどっちへ行ったの？

たかし まっすぐ行ってね、それから横に行ってね……数字の４（よん）みたいに動いてったの。

あきら うんうん、それであちこちのおもちゃの所、探したの？

たかし うん。

あきら でもいなかったと。どれくらい探して歩いた？

たかし 一時間くらい。

あきら そんなに！

たかし 三〇分くらい。

あきら なんだよ、それ（笑）。（もちろん隆は時計持ってないし、読み方もわからないからしょうがないけど、なんにしても長ーい時間て感じだったんだろうなあ。）

それで、それから車のとこに行こうと思ったんだ。

たかし　そう。おとうさん、前、約束したでしょ、「迷子になったら車のとこにいる」って。

あきら　うーん。そうだっけ?(よく覚えていない。きっとどこかに行った時、そんな話をしたんだろう。)

でも、駐車場までずいぶんあったんじゃない?(ほんとに遠い。)まず、エスカレーターに乗って……。

たかし　エスカレーターじゃない、階段駆けて。

あきら　車の方へ走ってったんだ。

たかし うん、どんどん。

あきら で、駐車場がまた広いんだよねえ。（メッセの駐車場はほんとに広くて車が何千台かとめられる。行きに車の位置をよく見定めておかないと、帰りには大人でも迷子になる。）鬼六（うちの車の名前）の場所、すぐわかった？

たかし ううん、鬼六かなあって思って走っていくと違うの、何回もまちがえちゃった。

あきら 似た車もあるもんな、どこで他の車と見わけるの？ ナンバーの数字？

たかし ううん、後ろのとこ。

あきら 後ろのどこ？

たかし こんなんなってるとこ（と空中に手ぶり。よくわからない）、あと背伸びして中見る。でね、鬼六探してたんだけど、おとうさんたち探すのがやっぱり先だって思って、またおもちゃのところに走ってってたの。

泣いてる場合じゃないって思った

あきら　あ、また会場へ来たんだ。それで？
たかし　でも人がいっぱいでおとうさんたち見えなかったの。それでまた駐車場のほうへ行った。
あきら　大変だったねえ、よく泣かなかったなあ。
たかし　うん、ぼくも泣くかなあって思ったけど泣かなかった。それでね、鬼六見つけたの。でも誰もいなかったでしょ。それで鍵がかかっててどこもあかなかったの、そん時少し泣いちゃった。
あきら　うんうん、それでさ、隆が迷子になってる間、ぼくたちどうしてたと思う？
たかし　わかんない。……。見てた。
あきら　おもちゃを？
たかし　うん。

あきら　そんなわけないだろ。一生懸命探してたんだよ。会場の中を右と左にわかれてグルグルと、何回もまわったんだよ。ただね、駐車場に行ってるとは夢にも思わなかったんだよな。

たかし　だっておとうさんが前にそう言ったんだもの。

あきら　（ヒェー許せ、覚えてないんだよ、それ。）ぼくらね、隆はどっかのおもちゃコーナーで遊びに夢中になっちゃってるんだって思ってた。だってさ、迷子になるとふつう泣くでしょ、で泣けばまわりの大人とか係の人が「迷子センター」に連れてってくれるし、そしたら名前を放送してもらえるからわかると思って、放送があるたんびに耳をすましてたんだけど、いつも違ってたの。だからまだ隆は自分が迷子になってるって気づかずに遊んでる、困ったもんだって思ってたな。

たかし　泣いてる場合じゃないって思った。（きっぱり。）それに、おとうさんは前に「泣いたってしょうがないだろう」ってぼくに言ったよ。

あきら　……。（うーん、またまた無責任にも覚えていない。そんな、きいた風な口をきいたかな。）言葉もないな。でも、誰かまわりの大人に「おうちの人がいない」って言ってくれると良かったんだよな、迷子センターもあったし……。

たかし　迷子センターってなあに？

あきら　うん。ホールの入口の横にあるんだけどね、ガラスばりの部屋で廊下から見えるの、犬屋さんみたい。中で迷子になっちゃった子ばっかり積み木で遊んでるの、で、こっちの方に子どもがいなくなっちゃったおかあさんばかり座ってるの。

たかし　アッハッハッ。

あきら　で、おかあさんが「隆を探してください」って放送を頼みに行った時の整理番号が一二九番！　すごい数だぞ、これ。

たかし　アッハッハッ。

あきら　でもまあ、隆は誰にも頼まなかったんだ。自分で探そうと思ったんだね。

たかし　うん。

あきら　それで、鬼六を見つけてその前で泣いてたと。それからどうしたの？

たかし　あのね、隣の車からおばさんが出てきてくれたの。
あきら　うん、それで？
たかし　飴、くれた。
あきら　アッハッハッ、それはよかった。
たかし　それからね、鬼六のまわりをもう一回まわったらね、後ろの戸がピタッてしまってなくて、こう引いてポッチをつまんだら入れたの。（手ぶり。）
あきら　ヒェー、あいてた！　いやー、でもこの際、よかったわけだ。でも車の中、暑かったろ？
たかし　うん、暑かった。それでズーッと一人で座ってたら、また隣の車のおばさんが来て「暑いでしょ」って言ってどっかに連れてってくれたの。
あきら　駐車場の管理事務所ね。
たかし　どうして知ってんの？
あきら　そのおばさんが車に手紙を置いてってくれたから。
たかし　なら、もっと早く来てくれればよかったな。

こまったものだ。
人ごみの中で
隆を
さがし
つつ、
しかし
一通りの
おもちゃを
チエックせずには
いられない。

あきら　だからさ、ぼくら会場の中ばっかり探してたんだもの。それから迷子センターに行って、おかあさんと朋子はその中で待ってることにして、ぼくだけになってから念のために駐車場にも行ってみようって思ったわけ。あんな遠い所まで隆一人で行けるなんて思ってなかったし。（もっと正直に言うと駐車場の方にとくに期待はしてなかった。ただもう会場内は何度も歩きまわって手づまり状態だったのと、と言ってただボーッとして待ってるよりは動きまわってる方がまだ可能性があるんじゃないかってこと、あと、これはずいぶん屈折してるんだけど、どういうことか隆がいなくなったことについて、ぼくは妻の真紀子ほど心配してなかった。あれ、なんでぼくはこんなに楽天的なんだろうって思うくらい、そのうちどこかからヒョイと出てくるだろうって感じてた。だから駐車場行きもあとあと「ぼくだってあんな遠くまで探したんだぞ」って、自分の一生懸命さをアピールできるよう伏線を張っておくって要素もあった。）

たかし　走ればすぐだよ。

あきら　そりゃまあな。（大人はめったなことでは走らないのだ。）で、ブツブツ言いながら駐車場へ行ったのさ。でね、遠くから鬼六見たら隆見えないし、そのまま引き返そうかなって思ったんだけど、一応そばまで行ってみたの。よかったよ、そしたらワイパーに「隆くんのおうちの方へ。隆くんは駐車場の管理事務所にいます」ってメモがはさまってたの。で、あわてて走って（ここは走ったな。アリバイ的だけど）事務所に行って、会えたってわけさ。

たかし　ふうん。

あきら　で、おばさんと事務所に行ってどうしたの？

たかし　二回、放送してもらった。おとうさん聞こえなかった？

あきら　うん。きっと会場の中と駐車場は放送が別なんだよ。こっちはこっちで放送してもらってんだもの。そのおばさん、ずーっといてくれたの？　一人で来てたのかなあ？

たかし　ううん、おうちの人と一緒。おばさんちの子は車の中でずっとファミコンみたいのやってた。

あきら　ヒャー、悪かったなあ。それならもっと丁寧にお礼するんだった。名前も聞かなかったよ。（そういう大人たちの無償の愛にただ感謝！　このお返しはぼくもどこかの子にしなきゃな。こういうお互い様っていい！　どこのうちの子だか知らないけど泣いてたら声を掛けてやる——これは正しい大人の基本だろう。）

たかし　うん、よかった。でも、会えてよかった。

あきら　このまんま会えなかったらどうなっちゃうって思った？

たかし　うーん、死んじゃうって思った。

あきら　死んじゃう。どうして？

たかし　だって食べるもんないもん。

あきら　（笑）そんなことはないよ、大人をもっと信じてもらいたいもんだっと。

たかし　あと、どうやってお家へ帰ろうかって思った。

あきら　長瀞は遠いぞ。

たかし　うん。でも緑色の看板（高速道路の案内板）の道を歩いていけば帰れるよね。

あきら　いろいろ考えたんだなあ。

遊んでる場合じゃないって思ったもの

あきら　で、幕張メッセではなにがよかった？　なんのおもちゃが？

たかし　うーん、さかなつりゲーム！　あとファイバード！（TVでやってる「太陽の勇者ファイバード」のキャラクターグッズのこと。）

あきら　ファイバードなんてあったっけ？

よくできたわね。おみやげにおもちゃをどうぞ！
トラック！
はい、これなあに？
おもちゃはほしいが、もしこたえられなかったらはずかしいと悩む姉の朋子
こんなぐあいに どんどん おもちゃがもらえる

たかし　うん。迷子になった時、見た。

あきら　ええ？　迷子になっててもけっこう遊んでたんだ。

たかし　ううん、見ただけ。遊んでる場合じゃないって思ったもの。

あきら　（笑）おお、そりゃそうだ。生死の問題だもの。

たかし　でも、ドラゴンボールのカードは拾った。

あきら　どこで？

たかし　お店のとこで。おとうさんたち探して走ってたらね、キラキラ光ってるのが下に落ちてたの。一回通り過ぎたんだけど、飛行機戻りし

あきら　て（意味不明）拾って、ポケットにいれて、それからまた走ってったの。
そりゃよかった。（忙しい中でもチョコチョコと仕事する、そういう感じって好きだなあ。）
まあ、隆もずいぶんおもちゃ見損なっちゃったけど、こっちもその間はおんなじだったし。
隆が見つかった時だってぼくもおかあさんもおこらなかったからよかったでしょ？

たかし　なにが？

あきら　？

たかし　なにが？

あきら　……。そうだよな。隆、なんにも悪いこと、してないんだよなあ。こりゃ、アクシデントなんだもんなあ。……。勉強になるなあ。

たかし　なにが？

あきら　いやいや。

たかし　ぼく、まだ学校行ってないからよくわからない。
あきら　うんうん、でも誰が悪いってわけじゃないんだけど、おかあさんなんかすごく心配したんだよ。
たかし　ぼくだって心配したよ。
あきら　……。そうだよねえ。いやー、また勉強しちゃったなあ。
たかし　ぼく、まだ学校行ってないから勉強してない。
あきら　アーッハッハッハ。

(3)　インタビューを終えて

というわけで、「迷子」というのは大人の側から見た一方的なことばだったらしい。
ぼくも子どものとき、迷子になったことがある。
駅で親とはぐれ、国電と都電を乗りついですぐに家にもどった。
その間ずっと親は最初の駅の構内で大騒ぎをしていた。

今回の隆と同様、子どもの方がクールなのだ。

それでも、親の保護が急になくなって世界がえらく近く感じられるようになるあの緊張感、良くも悪くも自分の全知全能を使って自分の力だけで状況を切りぬけねばならないあの充実感はよく覚えている。

こわいのだが案外深いところで解放感を味わっていたんだろうなとは、今振りかえって思う。

迷子体験は、やがてくる親離れ子離れのウォーミングアップというか小手調べのようなものかもしれない。

今回の件で隆も、(自分もやればけっこうできるじゃないの) くらいの自信はついたと思う。

ぼくの方にしてみれば、ぼくの考えていた隆像より実際の隆の方がずっと自立していたのにそれに気づかなかったのが、再び会うのに二時間もかかってしまった原因だろう。

ひとつの川でありながら、しかしいつも元の同じ水ではない子どもの成長を丸ごととらえる動体視力を持ちあわせていないと、こういうことになる。

それにしても（早く泣かないかなあ。泣けば迷子センターに連れてきてもらえるんだから）と考えて合理的だが何もしなかった親よりも、涙をこらえて自分一人の知力と体力でことを解決しようとした子どもの方がずっとストレートでかっこいい。

4

六歳の隆さん 保育園を語る

一九九二年六月

(1) インタビューの前に

この年の四月、隆はとうとう小学一年生になった。
しかもそれと同時に、一家で同じ埼玉県の狭山市にひっこした。
長瀞町の工房はそのままだから、ぼくは職場と住居を往復しているが、子どもはとりあえず長瀞町とは縁切れだ。

新しい町に新しい家に新しい道順、新しい先生に新しい友だち、新しい規則に新しい習慣だから、「いや、激変だよなあ」と親は一応は気をもむまねをするが、なにやはり大丈夫、隆はピカピカのランドセルを背負って毎朝七時五〇分に元気に登校している。

だから今回は学校生活についてたずねれば一番ホットな話が聞けるのだろうが、一方で長いこと通った保育園の記憶がどんどん忘却のかなたに行っている。聞くなら今しかないというわけで、その総括をしてもらうことにした。

隆を抜きにしても、保育園にはぼく自身、関心がある。

場所は近所のファミリーレストランだ。

(2) インタビュー

えーと誰だっけ?

あきら また、よろしくね。(と、テープのスイッチを入れる。)

たかし あ、それ。うん、いいよ。

(年に一度の「お子様インタビュー」もすっかり慣れて——しかし、インタビュー慣れしてる子どももなんてナマイキだよな——隆はおうようにうなずいている。)

あきら あのさあ、今日はたけのこ保育園のことをききたいんだけど、隆、おぼえてる?

たかし うん、おぼえてるよ。

あきら どれくらい行ったんだっけ?

たかし 最初があひる組で次がひばり組、そいからきじ組でわし組。だから四年。

あきら　ああ、そうだね。先生の名前はおぼえてる？

たかし　三村さん。その前が伊部さん。

あきら　その前は？

たかし　えーと誰だっけ？

あきら　遠藤さん、かな？

たかし　そう、遠藤さん。

（年少組時代の担任てこんなものなのね、あんなに遊んでもらったのに。

ちなみに隆の園では「○○先生」という言い方はしない。子どもは担任の姓を呼びすてにする。担任の方も「私はこう思う」と言いたい時に「○○はこう思う」と自衛官みたいな言い方をする。

つまりこれは園の方針で「大人も子どもも平等」とか「先生ということばに付随する権威的なニュアンスがじゃま」とかいう理念があるらしい。それはわかる。だが、ぼくはこういうのは好きではない。どこかに無理があるとも思っている。

なんだか耳にザラつくし、ここちよくないものは結局、継続する力にはなれないだろう。

そこで親の願望で隆は担任のことを「○○さん」と呼ぶ。ぼくも先生には「○○さん」と呼びかける。もっとも他の子がみんな「○○」と呼ぶのに一人だけ「○○さん」と言うのは辛いとみえて、隆もしょっちゅう「○○」という言い方になってはいた。ま、しょうがないだろうなあ。)

あきら ねえ、保育園でなにが一番おもしろかった?
たかし うーん、なにがって?
あきら いきなりそうたずねられてもわかんないよな。じゃ、一日で一番楽しいのはなんの時間だった?
たかし お帰りの時間。
あきら え、そうなの。早く帰りたかったの?
たかし ううん、そうじゃなくてなにやってもいいから。
あきら ああ、自由時間てことね、お迎えが来るまで勝手に遊んでていいんだ。
たかし そう。

荒馬おどり
保育園名物のリズム表現。体の線がピンとのびて見ているとほんとうにきれい。ただし保母の注意指導はこまかく.もう うんざりだという子もいる。

あきら　一日中ひまだったんじゃないの？　お勉強もおけいこごともないし、劇や合奏もしないんだし。（これはまったくみごとにしない。）

たかし　ううん、忙しかったよ。

あきら　そうなの。一日の流れはどうなってたのかな、朝行くとまず、何をするの？

たかし　当番。ニワトリのえさやり、インコのえさやり、ウサギのえさやり。

あきら　それはかわりばんこでしょ。

たかし　うん。でも床のぞうきんがけはみんなだよ。

（保育園のホールは木の床で、そこを

水ぶきするのが年長組の日課だった。)

あきら　それから『リズム』。

ああ、『リズム』ね。

(説明がいるが、埼玉県の深谷に「さくら・さくらんぼ保育園」という有名な保育園がある。

創立者の斎藤公子さんの独自の保育観とシステムには共鳴者も多く、姉妹園が全国にある。たけのこ保育園もそのひとつだ。

ただし、都会では支持者が多く、子どもを入れたいためにわざわざひっこしする親がいるほどで順番待ちの「さくら系列保育園」だが、小さな長瀞町では完全に定員割れしている。

うちはそこが一番近いのと、町内のもうひとつの園は「通園バス・制服・鼓笛隊が盛ん……」ということでさすがにパスしたいのでおせわになった。

『リズム』はピアノにあわせてする身体表現のことで「ちょうちょう」「かもしか」「かめ」など何十種類もある。

さくら並木
○○えん
よその保育園や幼稚園の
バスが通る道を いつも 汚いかっこうで
散歩する隆たち。いいと思う。

卒園式での子どもたちによる『リズム』の発表は感動もので、「さくら系列保育園」といえば、まず伸び伸びとリズム表現する子どもたちというイメージを持つ人が多いはずだ。）

雨の日も散歩

あきら　『リズム』は毎日なんだな。で、それが終わると？

たかし　お散歩。

あきら　ああ、散歩は多いよな。畑にいくんだよね。

たかし　収穫の時はね。

あきら いつも遠くまで行くんだよな。

たかし うん、死にそうになるくらい歩く。

あきら アハハ、どこまで行ったことある？

たかし 一度なんか学校の裏からテング山に登ってジジババ山に登って、あとふたつくらい山登って宝登山神社におりたよ。

あきら ヒエー、それから保育園まで帰ったの？

たかし うん。

あきら 神社から園までだって二キロはあるぞ。すごいなあ。でもまあ、散歩が多いのは、いいことだと思うよ。で、雨の日は？

たかし 雨の日も散歩。

あきら おお、いいなあ。

（意表をつかれたけど、これはグッドセンス。晴れ↓外遊び、雨↓室内遊びという固定観念を越えて、雨は雨なりに楽しむって感覚は悪くない。）

たかし よくないよ。一度なんか雨でかさがこわれちゃったんだよ。

あきら　そ、そんなすごい雨でも行くのか（タジタジ）。キョ、キョウジョウ主義ってやつかな？

たかし　ん、なに？

あきら　いやいや。それで散歩から帰ってくるとお昼だね。

たかし　うん、おいしい。

あきら　そうそう、おいしいんだってね。

たかし　学校の給食よりずっとおいしかった。

（たけのこ保育園の給食がおいしいのは評判だった。これはとってもいいこと、基本的なこと、大事なこと。「うちは習字を教えます」とか「温水プールがあります」とか「しつけに熱心です」とかいろんな看板をかかげる保育園・幼稚園があるが、「お昼ごはんがおいしい」――このサンサンとした太陽のようなキャッチフレーズに比べればなんと枝葉末節でアオッチロイことか。もちろん栄養価や添加物、季節物などに気をつかう園はたくさんあるだろうが、ともするとそれ自体が売りになってしまう。

要はそういうことに気を使った果てに、おいしいお昼ごはんになるかどうかということだろう。薬を飲むわけではないのだから。

そこのところ、たけのこ保育園は金メダルだった。）

あきら　で、楽しいお昼寝だ。

たかし　楽しくない、ちっとも。

（ま、お昼寝が大好きという子はあんまりいないので、これも健全。大人から見るとあんなにうらやましいものはないのだが。）

でも、ぼくは代表だし

あきら　起きるとおやつ。

たかし　うん。おとうさん、よく知ってるね。

あきら　そりゃあまあ。おやつはなんだった？

たかし　きゅうりとかとまととか。

「そこでチポリーノはいいました。なぜ、」

保育の柱のひとつ、読みきかせ。

1時間かかることもある。いい。すごい。

ただ返す刀で「TVの漫画は見るな」って
言いきらなくてもいいのだけれど。

あきら　アハハ、ポリポリかじるわけ？
たかし　うん、栗も。
あきら　ナマで食べちゃうんだってな。
たかし　うん。それからまた散歩。
あきら　ほんとによく出かけるなあ。みんな冬でもTシャツでな。寒くないの、あれで。
たかし　うん、寒くない。
あきら　そうかあ？　みんな鼻水だして。
たかし　うーん、寒い日もあった。
あきら　そういう時は着るんだよ。で、暑かったらぬぐ。普通にやってくれよ。
たかし　……。
あきら　で帰ってくるとお迎えまで自由時間

たかし と。うん、楽しい毎日じゃん。

あきら うん、だから『リズム』がなきゃよかったなあ。

たかし 『リズム』、どうしていやなの?

あきら だっておこられるんだもん。

たかし どうして?

あきら ん、手がピッと伸びてないとダメだし、ひざが曲がってるとダメだし。

たかし うん、どなられてる子、いたね。

あきら 「さくら」に行くとさ(時々「さくら保育園」に姉妹園の子が出張して合同保育を受ける)、「たけのこ」はへたっていわれる。

たかし どこの園だってうまい子とへたな子がいるさ。

あきら でもね、一人へただとみんなダメなんだよ。

たかし アチャー、連帯責任かいな。隆はへただったの?

あきら ううん。へたはケンちゃんとカズアキ。でも、ぼくは代表だし。

たかし 代表ってなに?

たかし　うん、偉いんだよ。
あきら　えらい？　代表が？
たかし　うん。
あきら　代表ってことばは別にそういう意味じゃないんだけどな。それ、なにするの？
たかし　だから、できない子に教えたり、注意したりするの。
あきら　えー、それは初耳だな。かわりばんこだろ？
たかし　ううん、ずっとぼく。ぼくが風邪の時だけしゅうちゃん。
あきら　それ、三村さんが決めたの？
たかし　そう。
あきら　フーン、代表ねえ。なんだかなあ……。

先生に言いに行った

たかし　あと、悪い子を注意する。

あきら　悪い子って？
たかし　カズアキくん。
あきら　はあ、どんなことするの？
たかし　いじわる。小さい子に石を食べさせたりする。
あきら　そういう時にどうするの。
たかし　ん。……。えーと見たことない。
あきら　なにを逃げてんだよ。一回くらいはあるんだろう？
たかし　うん、一回くらいはある。
あきら　で注意した？
たかし　した。
あきら　そしたら？
たかし　やめない。
あきら　で、どうした？
たかし　先生に言いに行った。

あきら　ふーん。……。でもさあ、そんなの誰が注意してもいいんだぜ。

たかし　……。

（大勢の中から先生に選ばれて班長だの委員だのになれば誰だって嬉しいし晴れがましいから、隆が誇りに思うのはよくわかる。だからあえて「そんなの無価値だぜ」って水をさすようなことはしないが、でもこういうのってなんだかなあ。担任から見て「なんでも言いにきてくれる優等生」が、子どもの側にしてみると「密告者、いい子ぶりっ子」になるというケースはありがちで、一種の離間策になってしまう。その辺の心配りがない保育ってちょっとなあ。なんとなくぼくが不満なのを察して隆はためらいがちだ。べつに代表としてではなくて、隆が自分の気持ちでカズアキくんを制止にかかったのならほんとにかっこいいのだが。）

あきら　で、結論として保育園はどうだったの？

たかし　うーん。……。まあまあかな。

（そんな大人びた言い方をする隆にぼくはほんの少し感心し、また、ほんの少しつま

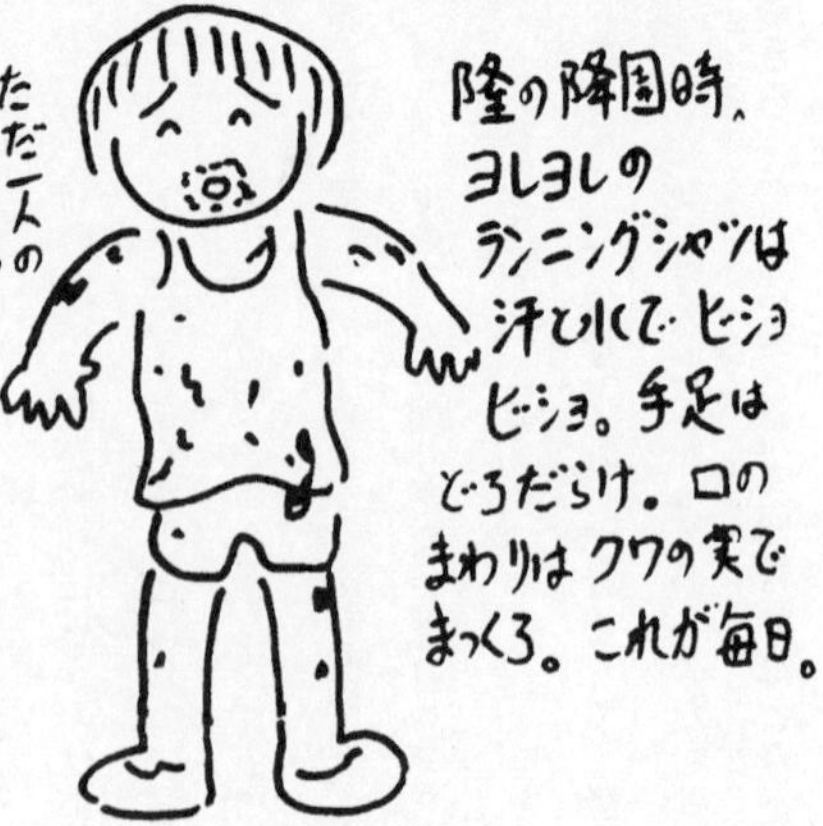
ただ一人の長髪。
隆の降園時。ヨレヨレのランニングシャツは汗と水でビショビショ。手足はどろだらけ。口のまわりはクワの実でまっくろ。これが毎日。

らないようにも思った。）

あきら　なにがいやだったの？

たかし　うーん。

あきら　保育園から帰りたくなった時、ある？

たかし　ある。注射の時。

あきら　アハハ、それはわかる。それから？

たかし　うーん、こわかった。

あきら　こわかった？　そうかあ。……。

（ぼくはもうなんのことだかわかったけど、口に出して確定するのがいやでだまった。）

たかし　うん。でも、順番に言った

たかし　三村さん。すぐおこる。

あきら　うん。伊部さんは？

たかし　こわくなかった。

あきら　伊部さんだっておこるだろ？

たかし　うん。朝、挨拶しないでいるとね、「こら、おはようって言わないか」って言ってだっこしてくすぐるの。

あきら　ああ、なんか目に見えるようだな。

（伊部さんは親にも子にもとても好かれてる先生だった。というか、子どもに好かれる先生は多少のアラがあっても結局ナンキョク大丈夫なのだ。子どもがニコニコ登園してくれてれば親としてはそれで大体良し、多少のことは目をつぶれるものだ。だが、いくら保育論を持っていても熱心でも、その逆ではつらい。

隆の最後のクラスの担任はもちろん、いい人なのだが大変な理想主義者だった。アフリカの奥地に行った宣教師のよう。自分が変っていく方がよほど早くて有効なのだが、ガンとして動かず、なにかにつけて「斎藤公子先生の本にはこう書いてありますから」という説明の仕方で大勢の親を教育していこうとする。

で、結果をだそうとするから、担任なりの理想像まで、とにかく子どものレベルを持ちあげようとする。

そうそう全員うまくはできないからおこる。おこられるから子どもは荒れる、もしくは萎縮する、もしくは処世術で身をよそおう——あんまりいいことはないというパターンにしっかりはまっちゃったのが最後の年だったように思う。)

そうかあ、やっぱり三村さんはこわかったかあ。

たかし

うん。

(同じクラスには叱られて登園拒否を起こす子や懇談会で叩かれて頭をかかえちゃう親とかいろいろいた。だが、なぜか隆についてはおぼえめでたく、ぼくらも直接担任にぶつかることはなかったのだが、隆が気をつかったり我慢してたってことらしい。)

はっきりいって貧乏な保育園だった。
遠出は保母の車に子ども11人をつめこんだ。
定員オーバーだから警官を見ると保母が「伏せてー」と
どなる。いとおしい共犯関係ではあった。

あきら　どの先生が好きだった?

たかし　伊部ちゃん。それから○○さん、○○さん、○○さん、……、三村さん。

あきら　なんだ、三村さんも好きなんじゃない。

たかし　うん。でも、順番に言った。

（隆はどうしたって三村さんとはあわなかった。それはこの一年間いっしょに暮らしてきたからこちらもうすうすわかっている。だが、それでいて他の人に自分の担任の悪口を言われるのはいやなのだ。どこかでかばう。ことばにして「○○先生はきらいだ」と言ってしまえばある意味で楽になれるのだが、そう言いきって確定してしまうのはこわいし悲しい。まして保育園の頃はそう言いきったところで朝になれば登園しなければならないのだし、むりにでも先生のことを好きでいたかったのだろう。「好きだけど一番最後」って言い方はなかなか聞かせる。）

子どもがかしこくなるところ

あきら　話をかえて、保育園てなにするところだと思う？

たかし　子どもがかしこくなるところ。

あきら　アハハ、なにそれ。勉強なんかしないのに。

たかし　あ、そうだね、アハハ。うーん、わかんない。

あきら　昼間さ、子ども同士でいるのとうちにいるのとどっちがよかった？

たかし　うーん、子ども同士がよかった。

あきら　そう。（いやー、ホッとするなあ。）どうしたら保育園はもっとよくなる？

たかし　先生がいない！

あきら　ラ、ラジカル。大人がいなかったら困るだろう。

たかし　困らないよ。

あきら　誰がお昼作るんだよ？

たかし　作れるよ。

あきら　誰がそうじするんだよ？

たかし　そうじなんかしなくていいよ。

あきら　うん、そりゃそうかな。

（カチッ。ここでテープのスイッチが切れる。途中でちょっと暗い話題になりかけ、切りかえようにもなかなか払いきれない——今回はこの辺で切り上げることにした。）

さ、ごはんも食べていこう。なににする？

たかし　お子さまランチ！

あきら　はいはい。

(3) インタビューを終えて

隆の結論からいうと、「保育園はまあまあだった」となるらしい。

「まあまあ」などという大人用語を使ってお茶をにごす術を覚えたのに注目。

だが子どもに「まあまあ」などと言われるのは悲しいわけで、やはり「最高だった」と言われるようでありたかったと思う。

5

七歳の隆さん
お金を語る

一九九三年六月

(1)　インタビューの前に

今回のインタビューの二日前、ぼくは秩父の山の上のホテルを借りきって「おもちゃばこフォーラム」という泊まりがけのイベントを主催した。

「おもちゃをまんなかに大人も子どもも一緒になって、もっとじょうずにおもしろがる練習をしよう」というキャッチフレーズのもと、ステージ上でおもちゃ作家が手製のおもちゃを紹介したり、作る過程をエンターテインメントとして見せる「おもちゃライブショー」、いろいろな立場でおもちゃにかかわる人が一人五分ずつ思い出を語る「おもちゃトークショー」、プロアマ大人子ども問わずなんでも売った「フリーバザール」、会場いっぱいに変なおもちゃの作り方を教えるコーナーがたくさんできて、参加者が夜店をひやかす要領で次々に気に入ったおもちゃを作っていける「おもちゃづくりまつり」とかのプログラムを用意し、全国から二〇〇人もの人が来てくれてにぎわった。

半年もかけて準備した祭りが終った直後のボーッとした時間だから、頭の中はまだ余韻でいっぱいだし、当然インタビューはその話から始まった。

隆は今、狭山市立山王小学校の二年生だ。当日は姉の朋子とともにおもちゃを作ったり、バザールの売子をやったり、受付をやったりと活躍してくれた。

場所は近所のファミリーレストラン。

学校から帰ってくるのを待って自転車二台で行った。

（2）インタビュー

どうしてたった四三〇〇円しかもらえないの？

あきら　いやあ、おつかれさまでした。隆のクジ屋はずいぶん人が来てたねえ、忙しかったろ。いつもお客さんがいたもんな。

たかし　うん。

あきら　子どもばっかりだった？

たかし　うん。でも大人もきたよ。大人も二、三十人は来た。

あきら　ふうん、いったい自分がいくら稼いだか知ってる？

たかし　わかんない。おとうさん知ってる？

あきら　知ってるよ。チャを数えたからね。

（「おもちゃづくりまつり」はすべて金券制度で行った。単位はチャで、最初に参加者全員に二〇チャ配られ、どう使ってもいいが作るおもちゃによって値段が違うしくみ。このため子どもは親に財布を握られることなく、買物ごっこのノリで自由におもちゃを買ったり作ったりできた。ちなみに、売り手が集めたチャ券は、あとで事務局で一チャ五〇円に換算されてめいめいの収入になった。）

たかし　隆のクジ屋は一回一チャで全部で二九二チャあったもの。だから一四六〇〇円、稼いでる。

あきら　す、すごい。ぼく、そんなに稼いだの……。（しばし絶句。）

たかし　うん。だって一人で何回も何回もやってる子いたもんな。スカばっかりで気の毒だったぞ。

あきら　ふうん、それでどうしてたった四三〇〇円しかもらえないの？

（フォーラムの次の日、ぼくたち夫婦はすべて精算を終え、隆に労賃として四三〇〇円を渡した。隆は膨大な金額に呆然とした。）

あきら　「たった」っておまえ、そんなに稼いだ子、他にいないぞ。おねえちゃんだってクッキー売って一二〇〇円だぞ。

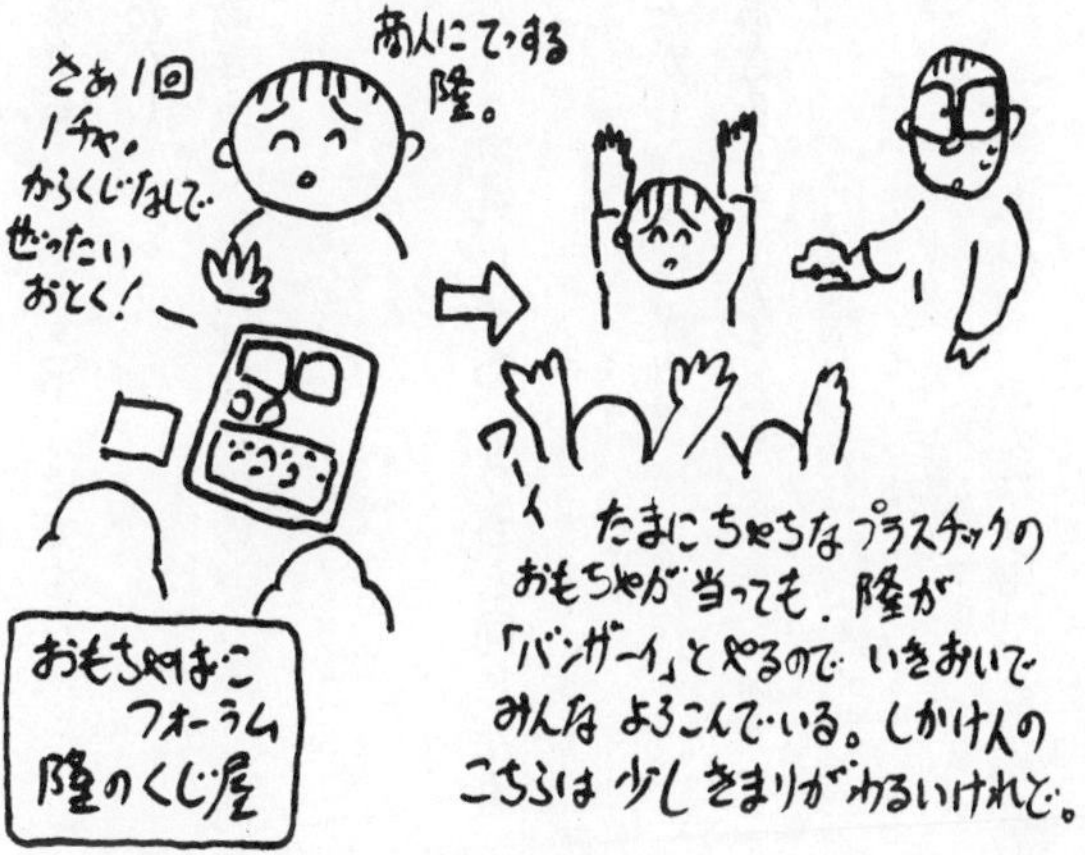
さあ1回
1チャ。
からくじなしで
ぜったい
おとく!
商人にてっする
隆。
ワーイ
おもちゃばこ
フォーラム
隆のくじ屋
たまにちゃちなプラスチックの
おもちゃが当っても、隆が
「バンザーイ」とやるので いきおいで
みんな よろこんでいる。しかけ人の
こちらは 少しきまりがわるいけれど。

たかし あすかちゃんは八〇〇〇円だって。

あきら あれはね「プロミスリングを作らせる店」っていう狙いがよかったの。Jリーグで、はやってるから。それにあすかちゃんは六年生だし……。

たかし ぼくだって二年生だよ。

あきら そりゃそうだけどさ(タジタジ)。ちゃんと言うとね、まず六〇〇〇円はクジのセットを買ったお金です。つまり元手。

たかし はあ。

あきら これを一四六〇〇円から引くと残りが八六〇〇円。これを二で割ると四三〇〇円で隆の取り分なわけ。

たかし　はあ。

あきら　で、あと半分はですね……。

たかし　フンフン。

あきら　たとえば浅草橋のおもちゃの問屋までクジを買いに行ったキップ代とかさ、なんやかやなわけ。

それじゃあ、うちと同じだよ

たかし　「ナンヤカヤ」ってなに？

あきら　うーんとねえ……。(いやあ、これ説明するのかよ、めんどうくさいなあ。しかし、ここで手間をかけてでも納得してもらわないとピンハネってことになっちゃうんだからしかたないか。)

あのね、このフォーラムをやるために作ったパンフレットの印刷代とか切手代とかそういうのになったわけ。あと半分は。……。わかる？

たかし　？　パンフレットのお金、まだ払ってなかったの？

あきら　いや、払ってあるよ。ただ、それはうちが立て替えて払ったの。

たかし　うちが？　じゃあ、ぼくのお金の半分はうちのものになったの？

あきら　うちのものっていうか事務局のもの。

たかし　事務局ってなあに？

あきら　うーんとねえ、説明しにくいなあ。

たかし　どこにあるの？

あきら　うち。

たかし　誰が事務局なの？

あきら　おとうさんとおかあさん。

たかし　それじゃあ、うちと同じだよ。

あきら　……。

（たとえ夫婦二人でやっていても事務局は事務局で別会計だが、それは帳簿上のことで財布はひとつだ。トランプをやっている子どもが人数が足りない時によく架空の参加者を作ってその人の分も配り、一人二役でプレイして楽しんでいるが、あんなふうなものかな。その幻をあくまで別組織であると主張してもしょうがないか。)

そう、結局同じだよな、ハハ。(ただ、事務局とか実行委員会とか言った方がかっこうがつくというかすわりがいい。たった二人でやっているものをあえてそんな風に呼ぶのは、それに客観性を持たせるためというより、一種の権威づけのテクニックだろう。それを当然と感じてしまう感性も、学生時代からいろいろな集会を手がけてくる中でちゃんと培われていたわけだ、ということに今、気づいた。)

たかし ぼくもうちの人だけど事務局なの?

あきら 入りたい?

たかし うん、入りたい。

あきら じゃあ、隆も事務局員な。なんかかっこいいだろう、地球防衛隊隊員みたいで。

たかし うん。

あきら じゃあね、隆が稼いだお金は事務局の運営費に半分入れてくれ。

たかし ウンエイヒ?

あきら　そう、なにかとお金がいるんだよ、これが。協力、よろしく！

たかし　うん、いいよ。

あきら　（ホッ。やっぱり丸めこんだようではあるが。）で、四三〇〇円稼いで隆の貯金はこれでいくらになったの？

たかし　一万円ある。

あきら　すごいな、お年玉だっけ、それ？

たかし　うん、一円も使ってないから。

あきら　自分で持ってるの？

たかし　うん、缶に入れてある。

あきら　ああ、そうだ。

（今まで長いこと「なくすと大変だから預かってあげる」という言い方で、渡した直後に取り上げていたお年玉を「やはり、それはフェアではない。お金で渡した以上、仮にそれでチョコレート千円分の一気食いをしようが、百円のコロコロカプセルを一〇個買おうが、本人の勝手であり、本人が満足したならそれで良しだ。万が一、その買い方を本人が後で悔いたところで、その悲しみもまた本人が引き受ければいいので当局は一切関知しないことにしよう」と今年の正月に杉山家児童育成対策実行委「もちろん、夫婦二名だけだが」で決めたのだ。）

たかし　貯金、全然使わないの？　買いたいものないの？

サッカーのボール。

でもJリーグが始まったから

あきら　うん、いいねえ。買えるよ。でも、この前まで野球のバットって言ってなかった？

たかし　でもJリーグが始まったから。

あきら　なんだよそれ。自分で「私はミーハーです」って言ってるようなもんだ。ふだんは買物しないの？　おかしとか買わないの？

たかし　あまり買わない。（どうやら答えを選んでいるようで慎重な答弁。）

あきら そう？　でもたまには買うだろ。友だちと一緒に行かない？
たかし ……。たまに行く。
あきら うん、なに買うの？（つとめて明るい口調。）
たかし ……。ドラゴンボールのスナック。
あきら なに、それ。なんかおまけが入ってるのかい？
たかし うん。これくらい（親指と人差し指で小さい輪を作る）のメンコが二枚入ってる。
あきら 丸メンか。じゃあ、ほんとのメンコはできないかな？
たかし ？
あきら 地面にパチンと当てて、相手のメンコをひっくりかえしたらもらえるんだけど。
たかし ？　わからない。
あきら 歳月を感じるなあ。で、それに悟空やクリリンの絵が描いてあるんだね？
たかし うん。それで時々金メンコと銀メンコが入っている。
あきら ほおほお。
たかし 僕は金を一枚、銀を二枚持ってる。

あきら 全部でどれくらい持ってるの？

たかし うーん。五〇枚くらいかな。

あきら ほおほお。（五〇枚とは驚いた。単純に二五回は買ってるのか？ これならへたなことを言えば親に叱られるかと口が重くなるのも無理はない。だが自分の興味のある世界だけに、ひとたび水を向けられるとつい勝手に口が動いてしまうわけだ。お気の毒さま。）

ちなみにそのスナック、いくら？

たかし 五〇円。

あきら いつもどこで買うの？

たかし ショッピングストアー。

あきら 誰と一緒？

たかし えいご君。

あきら （なんか、たてつづけにチェックを入れてる感じ。）

あまり買わない。ぼく、ためてるもん

あきら　隆は今、一カ月におこづかいはいくらだっけ？
たかし　三〇〇円。
あきら　それで買うの？
たかし　ううん、あまり買わない。ぼく、ためてるもん。
あきら　（それじゃ、お金の出所はどうなってるんだ？　でも妙に疑ってつっこんだ質問をするのもいやだから、いったん話題をかえよう。）
おねえちゃんはいくらもらってるの？
たかし　六〇〇円！　姉貴はいいなあ。
あきら　おねえちゃんもおかし買うの？
たかし　ううん。おねえちゃんは雑誌だよ。『りぼん』とか『なかよし』。
あきら　ああ、そうそう。

（長いこと、子ども向け雑誌として、『よいこ』『幼稚園』『小学一年生』等を順をおって買ってやってきたが、この春から朋子はついに『小学四年生』でなく、『なかよし』に切りかえたいと言い出した。もちろん否やはないけれど、中は初恋なんかがテーマの話ばかりで、朋子も「女の子」から「少女」になっていくわけだとやや感傷的になった。しかもその漫画を読んでるところをぼくが覗きこむと手でさえぎったりする。で、こちらが買ってやるのは一冊なので、もっと読みたければ自分でおこづかいから出すことになる。）

たかし　あれって四〇〇円くらいするよね。

あきら　そう、それくらい。

たかし　じゃあ、おねえちゃんはお金ないよなあ。

あきら　うん、いつも「ピーピー」だって。

そうだろうなあ。で、話戻して、さっきのドラゴンボールの話だけどさ。（なんでこんなにこだわっているかというと、昔、保父をしていたころ、あるおかあさんから「うちの子、親の財布からお金を持ち出すんです」って相談をうけたこともあるし、隆から「友だちの○○君とコンビニに行ったら、○○君、お店の品物をだまってポケットに入れちゃった」なんて話を聞かされたこともあるからだ。この辺の子ども世代はけっこう塀の上を歩いている。もっともたいていは塀から落ちない。長い目で見ればみんな一度や二度は万引きもするが、それもつかまったりおこられたりで自然に社会ルールに乗っていく。だから神の視点で言うなら軽犯罪を犯すこと、そこから来る世の中のリアクション、自分の心理の葛藤というのは貴重な社会体験なのだろう。だが、だからといって万引きを奨励するわけにもいくまい。やっぱり、お金の出所が気になってしまう。）

全部、自分で買ったの？

もうあきちゃったんだって

たかし　ううん。もらったのとか取りかえっこした方が多い。

あきら　へえー、子ども同士の取りかえっこなんて世界はもう消滅したかと思ってたけ

たかし　ど、嬉しいなあ。隆は何をあげたの？

あきら　ええと……。なんだったっけ？

たかし　なんだよ、あやしいなあ。

あきら　だってもうずっと前なんだもの。五〇枚のうち三〇枚くらいはA君にもらった。

たかし　同じクラスの子かい？　どうしてそんなに気前がいいんだい？

あきら　もうあきちゃったんだって。

たかし　で、そのおさがりを丸ごともらったわけ？

あきら　うん。ぼくだけじゃないよ。B君もC君も一緒にいてみんなで分けた。

たかし　ふうん、なんだか親分と子分みたいでいやだな。

あきら　……。

たかし　で、今も持ってるの？

あきら　ううん。この前の椎名さんちのお店屋さんごっこでみんな売っちゃった。

たかし　あ、そうか。（椎名さんはぼくたちの友人で時々近所の子を招いて自宅の庭で小さなお祭り空間を作ったりしている。）みんな欲しがったろう？

たかし　うん、一番人気があった。
あきら　いくら、もうかった？
たかし　ん？　だってニセのお金だもの。
あきら　ありゃそうか。他にはお店が出たの？
たかし　クジの店とか折紙の店とかおかしの店とか……。
あきら　隆もそういうのをニセのお金で買ったわけ？
たかし　うん。

だって、子どもってすぐボールなくすじゃん

あきら　そうか、幸せな話だなあ。（隆がモノにもお金にも特に執着していないので妙にホッとした。）じゃあ、隆はほんとの買物ってあまりしないんだ。
たかし　この前、一人でボール買いに行ったよ。
あきら　あ、そうそう。キャッチボールやろうと思ったらビニールボールがなかったんだよなあ。あれは自分のおこづかいで行ったんだな。

たかし　そう。

あきら　吉田スポーツ店まで行ったの？

たかし　うん。

あきら　いくらだった？

たかし　一八〇円。

あきら　それ一種類？

たかし　ううん、あと一六〇円のもあった。

あきら　へえー、高い方を買ったんだ。おもしろいなあ。どうして？

たかし　うーん、そっちの方がいいような気がした。

あきら　両方、さわってみて？

たかし　うん。（いけないことをしたのかと不安気な顔。）

あきら　いいんだよ、自分でそう思ったんならそれで。（買い物ってそういうもんだ。）でも、二コ買ってきたのはどうして？

たかし　だって、子どもってすぐボールなくすじゃん。

あきら　ハハハ、合理的なんだ。他にはどんな時、買い物するの？

たかし　この前、学校でスーパーに買い物に行った。

あきら　ええ？　みんなで？

たかし　うん、先生も一緒。

あきら　社会科見学ってやつかい？

たかし　うん。

あきら　いつ行ったの？

たかし　二時間めと三時間め。

あきら　じゃ、スーパーがあいてすぐの時間だ。みんなが買い物してレジに並んだわけ？

たかし　そう。

あきら　おーおー、レジの人も大変だ。で、隆は何を買ったの？

たかし　ツナカンをふたつ。

あきら　なんだ、それ、えらくまともだなあ。

以前 遠足に行く子どもたちと同じ電車にのりあわせて自分だけ大人なので とても妙な気分になったことがある。それと同様、スーパーのレジに並ぶのがすべて子どもっていうのも そうとう シュールな光景だ。

たかし　だって一人二〇〇円以内で買うことって、前の日に先生が言ったんだよ。だからなにを買うかおうちの人と相談してお金をもらって来なさいって。消費税は六円だって。

あきら　で、おかあさんがツナカンを買って来なさいってか。ほかの子はなにを買ってた？

たかし　おかしの子が多かった。あと、文房具とか。

あきら　そうだよなあ、ハハハ。で、そのツナカンどうした？

たかし　持ってかえってきたよ。

あきら　ああ、じゃ今朝、食べたやつかな？

ごちそうさま。ハハ。うちってけっこうまじめなんだなあ。そうかあ、学校ってそんなこともやってるんだ。フーン。

おとうさん、来年もやろうね、ウッシッシ

たかし　ねえ、おとうさん、話もどしていい？

あきら　はい、どうぞ。

たかし　「おもちゃばこフォーラム」でおとうさんのやったやつはもうかったの？

あきら　うん、動物競馬な、大もうけだよ。一枚一チャの馬券を三〇〇枚売ったもの。（これは僕の考えたギャンブルで紙製の動物を机の上で競わせる。客はあらかじめ勝ちそうな動物の券を購入し、当たると賞品がもらえるというもの。事務局の主要な財源となった。余談だがイベントの財源がギャンブルという症状は末期的である。）

たかし　すんげー。ほかの人たちは？

あきら　いやあ、どうも申し訳ないんだけどな、まじめにすてきなおもちゃ作って売っ

亮の
どうぶつ
けいば
おもちゃばこフォーラム
ゆうしょう
ちゅうく
ミミッチーマウス
自分でレースの
ストーリーを作って
馬券を売って実況も
してしまう
「スティング」まっさおの
出来レース。
フッフッ。大もうけだぁ
いけー
キリンラガー！
ワケ
アリクイ！
ぞうじるし！

てた人たちはあまりもうかってない
みたい。

たかし　ふーん。じゃあ、クジとか馬券とかいう方がもうかるんだ。おとうさん、来年もやろうね、ウッシッシ。

あきら　うん、ウッシッシ。（なんかまじめにやってる人からかすめとるおもしろさを教えているようで、背中に冷たいものを感じるけど、まあいいか。）

(3)　インタビューを終えて

このあとインタビューは、お金をめぐってまだまだ続いた。

たとえば、「生命保険で大人より子どもの方が生命の金額が安いのは不当だ」とか「宝石のようなあんな小さなものに高い値段がついているのは理解できない」とかのもっともな意見を隆は元気よく述べたが、本人とお金の関係が直接でてきた最初の部分だけをこうして文章に直した。

隆はお金を見る目が現実一方でも夢一方でもなく、とまどいながらかかわっている時代らしく、淡々とした話の中でもぼく自身はおもしろがれた。

6

八歳の隆さん
スポーツを語る

一九九四年六月

(1) インタビューの前に

この年の六月は、自民党と社会党の連立政権というのができて、TVのニュースはその話題でいっぱいだ。

だから政治について思っていることをインタビューしようと水を向けてみたが、隆はまったくの政治オンチで、村山首相については「あの灰色オオカミみたいなおじさん」、大臣の仕事は「王様を守ること」というコメント。

このテーマは後日にとっておくことにした。

さてこの六月は、四年に一度のワールドカップサッカーの季節でもあった。

隆も昨年までは、クラスの他の男の子同様、西武ライオンズの青い帽子をかぶって「かっとばせー清原！」とやっていたのに、Jリーグ発足以降はあっさりサッカー少年に宗旨がえし、朝から晩まで外でボールをけっとばしている。

TVでサッカーの中継でもやっていようものなら釘づけだし、話題もサッカーばっかりだ。

それならそれで本人が今一番おもしろがっていることをそのまま話してもらうことにした。

はたして隆は、いつにも増して饒舌でインタビューに応じてくれた。

隆は今、小学三年生。

午後から雨になったので、車でバイパス沿いのファミリーレストランに行った。

(2) インタビュー

ゴールの前にはたいていキーパーが三人くらいいる

あきら 学校でサッカーはいつやってるの?
たかし まず、朝でしょ。
あきら 朝って、たかし、学校に行くの近所で一番遅いじゃない。
たかし うん。でも村山君のおにいちゃんのとこに入れてもらうから。
あきら 村山君のおにいちゃんて六年生だろ。三年生をよく入れてくれるね。
たかし うん。ぼくは入れてもらえる。
あきら 仲がいいんだ。
たかし ううん。ぼくがうまいから。
あきら へーえ、言うなあ。でもクラスの子たちだってサッカーやってるんだろ?

家の中にサッカーボールをもちこむのを禁止されてしかたなくビーチボールでリフティングの練習をする隆。
こら。あぶないじゃないか！

たかし　うん、どこかでやってる。

あきら　「どこかで」って、校庭そんなに広かったっけ？

たかし　ううん。ゴールは全部で四つだよ。

あきら　ということは二面しかないわけだ。その中で別々のグループが同時にサッカーをやるの？

たかし　うん。

あきら　じゃ、キーパーがいっぱいいたりする？

たかし　うん。ゴールの前にはたいていキーパーが三人くらいいる。もっといる時もあるよ。

あきら　ゴールの前がキーパーだらけ！　キ

ーパーの壁ができそうだな（笑）。でもあちこちからボールがとんでくるからキーパーもこわいだろうな。

たかし　うん。でもね、誰かがシュートしたボールが他のグループのキーパーに当たっちゃうとするでしょ。その時には入ったことにすることもある。

あきら　ええ？　でも、そんなの本当に入ったかどうかわからないじゃん。

たかし　でも六年生が「入った、入った」っていうと、たいてい入ったことになる。

あきら　おお、ちゃんと権力を使ってるわけだ。

たかし　他のグループのキーパーは障害物だから「ない」と同じなんだって。

水曜日は「チャレンジタイム」だからだめ

あきら　障害物サッカー！　なんかすさまじいなあ。で、それが朝で次が昼休み？

たかし　ううん。業間休み。

あきら　ああ、二時間めと三時間めの間だっけ？

たかし　そう。二〇分ある。
あきら　二〇分あればできるね。
たかし　うん。でも毎日じゃない。水曜日は「チャレンジタイム」だからだめ。
あきら　なにそれ？　一年生から六年生まで校庭をグルグル走るやつ？
たかし　それは「チャレンジマラソン」。冬になると毎日やるやつでしょ。そうじゃなくて「チャレンジタイム」っていうのは学年ごとにやることが違うの。その時間は竹馬とか一輪車とか、とにかく自分ができないことを選んでチャレンジしなきゃいけないの。
あきら　ふーん。
たかし　それから金曜日もだめ。「仲良しタイム」だから。
あきら　それはなに？
たかし　うーん、六年生は一年生と、五年生は二年生と、四年生は三年生と遊ばなきゃいけないの。
あきら　へーえ。六年生なんか子守りしてる気分だろうなあ。

たかし おねえちゃん（朋子＝五年生）もそう言ってた。つまんないって。

あきら だろうなあ。

たかし それと月曜日もダメ。三時間めが音楽だから。始まりのチャイムが鳴った時には音楽室にいなきゃいけないの。

あきら なるほど。

たかし でもね、音楽の先生、それなのに自分はいつも遅れてくる。

あきら おー、ありがちな話だな。

たかし だから業間休みでサッカーできるのは火曜と木曜だけ。

クラスの子はトリピーばかりだからつまんない

あきら ふんふん。で、次が昼休み。この時はクラスの子とするわけ？

たかし ううん。だってクラスの子はトリピーばかりだからつまんない。

あきら なにそれ？ ジャンケンで代わりばんこに味方のメンバーを選んでくこと？

いつもラッシュアワー状態のゴール前。
PKは障害物に気をつけてけらねばならない。

たかし　それはトーリィジャン。トリピーっていうのはゴールひとつでやるサッカーのこと。誰がけってもいいの。お互いに取り合って最後にシュートを決めた人が今度キーパーになるの。

あきら　ふんふん。おもしろそうじゃん。（クラスの子ともっと一緒に遊べばいいのにとなんとなく思っている。）

たかし　どこが？　試合の方がずっとおもしろい。（親の気持ちを全然くみとっていない隆。）

あきら　そりゃそうだろうけどさ。で、また六年生の方に行っちゃうの？

たかし　そう。三年や四年ではうまい子しか

あきら 入れてくれないんだよ。

たかし たかし、うまいわけ？

あきら フッフッフッ（思わず出た笑い）。

たかし シュートなんてしたことあるの？

あきら シュート？ 何回も入れてるよ。ドリブルシュートもボレーシュートもヘディングシュートも。

たかし へえ、ヘディングシュートなんてできるの？

あきら うん！ ……この前、一回だけど。（ややトーンが落ちる。）かっ君がコーナーキックしたのを盛田君がヘディングしたら真上に上がったの。それをぼくがヘディングでゴールに入れた。

たかし （ようするにゆるいボールになったわけだ、納得。）ふーん、そりゃすごい。ヘディングはけっこうこわいもんな。

あきら うん。キーパーがゴールキックけるでしょ。それがまん中へんまで飛んでくるのをヘディングで返すのって超こわい。

あきら うん。勢いついてるもんな。

たかし たいていワンバウンドでヘディングするけど、時々いきなりやる子がいて「すごい！」って思う。

あきら うんうん。ドリブルなんかもできるの？

たかし できるよ、きっと。

あきら （笑）なんだよ、それ。

たかし あまりしないけど。

あきら ようするにボールが来たらとにかく前の方にけっちゃうわけだ。

たかし うん。

あきら ボールを反対側で待っている子なんていないの？

たかし あまりいない。

あきら なんだかレベルがわかってきたぞ。

大きい子が「オフサイド!」って言うからわかる

たかし （勢いこんで）でもこの前ね、ぼく、相手のまたの間にボールをころがして抜いたんだよ。

あきら へえー、高等テクニックだな。

たかし でもボールは行ったけど、ぼくはその相手と激突したからだめだった。

あきら フリーキックもする？

たかし したことない。

あきら 大きい子がするのかなあ。あ、それより反則ってものがないか。審判はいないんだよね。

たかし うん。

あきら じゃ、オフサイドとかわからないよね。

たかし 大きい子が「オフサイド!」って言うからわかる。

あきら　すごーく主観的に決まるんだろうなあ（笑）。ハンドなんかは？

たかし　ハンドした子が自分で「ハンド！」って言う。

あきら　おお、正直。でもそうだよなあ。審判がいない場合、そういう一線を守っておかなきゃまとまらないもんな。（ちなみに大人のサッカーでは審判に「反則！」と宣言されたものだけが反則である。）

たかし　マラドーナの「ゴッドハンド」ってあったんだよね。

あきら　そうそう、前のワールドカップの時ね。（アルゼンチンのマラドーナがゴール前でヘディングをよそおって手でボールを叩きこんだプレー。審判が気づかず、点が入った。）

たかし　あれ、まねした子がいるけど、すぐばれた。

あきら　ハハハ。（さっきの「相手のまたの間にボールをころがすプレイ」もそうだが、テレビ時代のサッカーがまた一味違うサッカー少年を生みだしていくのだと思う。だが「ベーブルースの約束のホームラン」のように、サッカー史に残る昔のエピソードが子どもたちの間に憧憬をともなって伝わっていくのは、悪いもんではなさそうだ。）

攻める側じゃなくて、キーパーもしたことある？

ぼくはゴールのシュゴジンだよ

たかし フッフッフッ、ぼくはゴールのシ、ュ、ゴ、ジ、ン、だよ。
あきら なんだよ、そりゃ。宿屋の主人じゃあるまいし、シ、ュ、ゴ、シ、ン、ていうんだよ。
(これは「ゴールの守護神シジマール」なんていう新聞見出しの影響だろう。)で、
ボールをとれるの？
たかし だからショゴシンだから。
あきら ショゴシンだからって。おまえ、意味わからずに使ってるな、まあいいけど。
(子どもにありがちな背伸びした表現らしい。) ハハハ。
たかし ねえ、おとうさん。カズはイタリアに行っちゃうの？
あきら うん。でも、またもどってくるんだよ。
たかし ワールドカップの間、出ない人はどうしているの？

情報過多のTV時代のサッカー風景。
オーバーヘッドだ
よし。たてパス1本
リベロあがれ！
スルーしろ
ツートップをくずすな
トラップにかけろ
だまっているこの子はゴールしたときのパフォーマンスをかんがえている。
ほんとにわかっているかどうかは知らないがことばの知識はある。

あきら　さあ、世界中のサッカーリーグが今はお休みだよ。練習とかはしてるだろうけど。

たかし　カズもかな？（夢見る瞳。）

あきら　そうだろうなあ。たかし、カズの他に誰を知ってるの？

たかし　ん？　武田・長谷川・ラモス・シジマール・カズのにいちゃん、……それに小倉っていう人、……池田っていう人、北沢、アルシンド、……あとジーコはやめちゃったし……。

あきら　それだけ知ってりゃ充分だよ。で、どこのチームを応援してるの？

たかし　うーん、どこってないよ。

あきら　でも、好きなとこは？
たかし　ヴェルディ。（隆はぼくがヴェルディ川崎を好きではないのを知っていて遠慮したよう。事実、ぼくは同じスポンサーの系列で人気先行型の巨人とイメージがダブるヴェルディをあまり好きではない。だが二度目の質問でやはり本音を言わずにはいられなかったらしい。）
あきら　うん。クラスでもヴェルディ応援してる子が多いでしょ？
たかし　うん。でも盛田君はマリノスだって。
あきら　横浜マリノスね。
たかし　大羽沢君はガンバ。
あきら　ガンバ大阪？　その子、関西からひっこしてきた子？
たかし　さあ。
あきら　レッズはいないの？（浦和レッズは地元埼玉のチーム。テレビ埼玉で放映されるので試合を見られる機会が多い。）
たかし　いない。だって弱いんだもの。

あきら　トホホ。薄情だなあ。そういえばサッカーの話ばかりしてたけど野球はどうなっちゃったの？　学校でやってないの？

たかし　うん、いない。キックベースやる子もいなくなった。ちゃんとした野球は少年団に入ってる子が日曜日にやってるだけ。

秋山いなくなっちゃったもんね

あきら　西武の応援はしてないの？

たかし　うん。西武は強すぎるから好きじゃないってみんな言ってる。

あきら　「弱すぎる」とか「強すぎる」とかみんな勝手だなあ。じゃ、来週西武球場行かない？　水曜の夜ならあいてるから行ってもいいけど。

たかし　行く行く！　相手、どこ？

あきら　オリックス。

たかし　おー、おもしろそう。今、三位だけど二位のダイエーが落ちめだから抜くかも

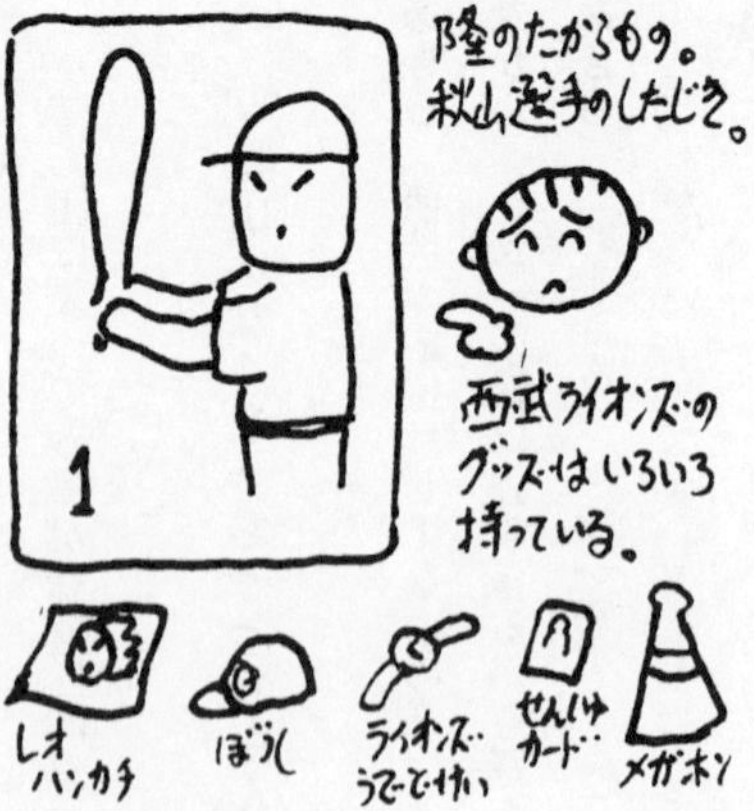
隆のたからもの。
秋山選手のしたじき。
西武ライオンズの
グッズは いろいろ
持っている。
レオ
ハンカチ
ぼうし
ライオンズ
うでどけい
せんしゅ
カード
メガホン

ね。西武は五ゲームも差をつけてるから大丈夫だけど。（新聞のスポーツ欄の順位表を見るのが隆の毎朝の日課。ライオンズ友の会の会員で、根っからの西武ファンである。）

あきら　そうだねえ。西武も決して強くはないんだけどね。

たかし　秋山いなくなっちゃったもんね。（隆は秋山の写真入りのしたじきを愛用するくらいの秋山ファン。その秋山がオフにダイエーにトレードされたのがとてもショックだったよう。トレードの意味はぼくが説明したが、人間と人間がとりかえっこされちゃうとか、上司からの命令なら行かなければならないとか、金銭トレードといえば聞こえはいいがようするに売られちゃうとかいうことがあってもいいのかと義憤に駆られた向きもあるし、隆が思うほどに純粋ではない大人のビジネスの世界をかいま見たようで当時はずいぶんひきつっていた。）秋山をとりかえせば西武はもっと強くなる。（別に一方的にとられたわけではないが、こういう言い方がファン心理である。）

あきら　うん。でもかわりにダイエーから来た佐々木はいい選手だよ。

たかし　うん。佐々木はいていい。（隆、勝手！）それと平野もとりかえす。

あきら　ロッテに行っちゃったなあ。

たかし　あとデストラーデが大リーグから帰ってくればいいけど無理だろうなあ。あ、そうだ。大リーグって日本人が行ってもいいの？

あきら　もちろん、いいんだよ。ただしよっぽど力がないと使ってもらえないらしいけど。

たかし　そこに西武の選手を送って練習させればもっと強くなるね。（まったく隆は電車の中でスポーツ新聞を広げる中年のおじさんみたいな勝手な論評をする。）

うーん、痛くない方がいい

あきら で、たかしはサッカーと野球とどっちが好きなの？

たかし ん、どっちも好きだよ。

あきら なるとしたら、どっちの選手がいい？

たかし うーん、痛くない方がいい。

あきら （軽くのけぞる。）なにそれ、サッカーも野球も激しいぞ。（と言いながら「スポーツに生命まで賭けてはいけない」が持論のぼくは、隆の腰がひけた答えをけっこう気に入っている。）じゃバレーボールやバスケットの選手はどうだ。あれはぶつからないから。

たかし バスケットって突きゆびしない？

あきら （また、のけぞる。）そ、そこまで言うか。でもバレーやバスケのボールは当たってもけがしないぞ。野球は頭に当たってへたすれば死ぬぞ。

たかし　そうだよね。今度から頭にデッドボールが当たったらピッチャー退場なんだよね。（話がそれている。）

あきら　そうそう。

たかし　他のとこなら当てても退場じゃないの？

あきら　さあ、わざとやったらもちろん退場だけどケースバイケースだなあ。

たかし　頭じゃないところに当たって死んじゃったらどうなるのかな？

あきら　どうなるのって？

たかし　ピッチャー退場かな？

あきら　（やや、ムキになる。）あのね。退場もなにもたかがスポーツなんだからね、人が死んだりしたら全部その場で停止しておしまいにしていいんじゃない？

たかし　そしたら、どっちが勝つの？

あきら　だからそんなのどうでもいいんだって。

たかし　ふーん。（納得いかない風。）

あきら　でも痛くないスポーツってないのかなあ。人と争わないスポーツ。

たかし　そんなのある？
あきら　ないことはない。マラソンなんて競技には違いないけど自分との戦いって感じだし、登山もいい。旅もいい。

一人でどこまでも歩いて行ってみたい

たかし　山登りってスポーツなの？
あきら　うーん、スポーツっていえばスポーツとも思うんだけど……。
たかし　ぼく、旅にでたいなあ。一人でどこまでも歩いて行ってみたい。
あきら　へえー。
たかし　おとうさん、前にやったんだよね。
あきら　うん。（ぼくは以前、一カ月かけて家から金沢まで往復歩いたことがある。）
たかし　ぼくもできるよね。
あきら　……。うん。（子どもに「おまえにはまだ早い」という言い方だけはしてはいけないと自戒する。）

たかし　ここ（狭山の自宅）から長瀞（なぞなぞ工房がある）まで歩いていけるかな？

あきら　うーん、一日じゃ無理だな。二日か三日かかるな。

たかし　やる、やりたい！　それが最初。それからもっと遠くに行きたい。

あきら　ふーん。まあ、いいけどさ。（えらいことになっちゃったかな？　とややタジタジだ。）

(3)　インタビューを終えて

あまり言われていないことだが、サッカーがブームになって以後、小学生の男の子たちの放課後の使い方が確実に変った。

今まで、天気に関係なく室内でTVゲームをしていた子どもの中から、晴れていれば自転車の前カゴにサッカーボールをつっこんで外に行く子がけっこう出てきたのだ。

ぼくはTVゲームのおもしろさを否定する気はまったくないし、やみくもに「ファミコンは悪だ」とわめく人とは一線も二線も画していたい方だが、それでも毎夕、汗だくで校庭から帰ってくる今の隆を見て、妙にホッとした気になるのも確かなところだ。ゴジラがメカゴジラに勝ったような安堵感がどこかにある。

前から「TVゲームを否定したい人は一方的に叩くのでなく、それをおもしろさで乗りこえるなにかを提出しなければ」と思っていたが、ついに現われたということなのだろうか。

これからきっと上達至上主義のご町内少年サッカー団が増えたり、教育や商売にサッカーをとりこもうとする動きもいろいろ出てくるだろうが、大ざっぱに言って「よかったな」と思う。

サッカーというスポーツが特にお子様向きに用意されたのでないのもいい点だ。

特に子どものことを考えているわけでもなく、能書きも教育論も言わず、自分がやりたいことをするだけで結局多くの子どもたちの価値観を変えてしまったカズやラモスはとてもスマートだしかっこいい。

カズやJリーガーを語る隆の声が早口になっていくのもわかる気がする。

本人の話したいテーマでそのまましゃべってもらったので、とても気持ちいい無理のないインタビューになった。

7

九歳の隆さん　教科書を語る

一九九五年六月

(1) インタビューの前に

六月の第三土曜日、隆の小学校で授業参観が行われた。

このあたりは東京の典型的なベッドタウンだから、ふだんの平日の参観では男はいつもぼく一人だが、土曜日だし、翌日が父の日というのもいくらか関係しているのだろうか、ゴルフシャツ姿の父親もチラホラやってきた。

隆のいる四年一組の授業は国語で、「花を見つける手がかり」という教科書の文の読解だった。

チョウは花を認識するのに色で見るのか形で気づくのか匂いで感じるのかを調べるために、いろいろな実験を重ねる経過を述べた観察文だ。

その授業を後ろで見せてもらいながら、教科書についていくらか思うところがあった。

そこで翌日の日曜日の朝、隆に四年生の教科書を全部だしてもらい、それを持って一緒に近くのファミリーレストランに行くことにした。

隆は友だちと校庭でサッカーをする約束を午後に回してつきあってくれた。

けやき並木の下を自転車で並んで行った。

いつもの授業参観だって 男は1人だけ。
とてもめだつ。姉の朋子は この状態を
はずかしがって「こないで！」という。

(2) インタビュー

うん、あげるほう。
しかも指されやすい体質

あきら　ねえ、昨日の参観だけどさ、先生、いつもあんなにことば、ていねいなの？

たかし　まさか！

あきら　もっと乱暴？

たかし　乱暴ってわけじゃないけどさ、昨日は特別だよ。

あきら　そう。ていねいなことばでていねいな授業だったね。「〜ではないかもしれないからです」って文章の解釈だけで三〇分はやってたもの。国語っていうか文法の授業だったな。隆、せっかく手をあげたけどまちがってたね。

たかし　いいんだよ、別に。

あきら　もちろんいいんだよ。そもそもがわかりにくい文章だもの。むずかしくいうと最初の「ない」は否定、「かもしれない」は推量、「から」は理由を示しているんだよな。

たかし　超ややこしい。

あきら　あまりいい文章じゃないよ。

たかし　！

（ぼくの言い方に隆はびっくりした風。子どもから「教科書のこの文はあまりいい文じゃない」なんて感想が出たら先生はびっくりするだろう。子どもはそんな感想を持ってはいけないし、持つわけがないということを前提として国語の教科書の文章は選ばれている。大人なら「つまらない文だ」とポイと捨てられるのに子どもは否応なく何時間もつきあわされるのだから、なかなか大変かもしれない。読解ができないのは子どもの能力が低いからでなく、書き手のセンスが悪いからだという選択肢も認められなければ不公平だろう。といって教科書の文章が全部名文であるべきだなどとは思っていないが。）

あきら　でも隆はいつも手をあげるほう？

たかし　うん、あげるほう。しかも指されやすい体質。

あきら　アハハ、いつも手をあげる子って決まってるだろ？

たかし　うん、決まってる。

あきら　隆は一時間の間に何回も手をあげる？

たかし　うん。

あきら　そうかあ、ぼくは一時間に一回か二回だったなあ。あとは答えがわかってても手をあげなかった。

たかし　どうして？

あきら　うん、なんかかっこ悪いと思ってたんだな。「あいつ優等生ぶってる、わかるのを自慢したがってる」ってまわりから思われるのがいやだったし。（あと

「授業に参加はするけれど全面協力まではしないよ、先生」という斜めに見る視線はかなり早くから持ちあわせていた。)

たかし 変なの。

あきら うん、変だよな(笑)。隆のほうがいいよ。まちがっていいんだからどんどん手をあげな。

たかし うん。

今はマル読みの方が多い

あきら それにしてもこの前の参観も国語だったなあ。まあ、わかるけど。

たかし どうして?

あきら うん、国語はいろんな意見があっていい分野だからね、これが算数だったら。

たかし あってるかまちがってるかしかないんだ。

あきら そう。それに「○○さん、○ページを読んでください」なんて見せ場もあるし。

国語の授業はいつも読むことから始まるだろ？

たかし　うん。

あきら　みんなで一斉に読む？

たかし　ううん。そういうこともあるけど今はマル読みの方が多い。

あきら　なに、それ？

たかし　うん。マルから次のマルのところまで読んだら後ろの人に交替する。

あきら　なんだか電信柱があるたびに友だちのランドセルをしょうって遊びみたいだな。つまり一行ずつ読むわけ？

たかし　そうそう、この前なんか聞いてよ、ここのとこ。（と、教科書をめくって）「とうとうけんじたちの番がきた。けんじはピストルが鳴ったしゅんかん、一気にとびだした。速い。速い」ってあるでしょ。ぼくが読んだの「速い。」ってのだけ。

あきら　アッハッハ。で、読むと次は段落わけだろ？

たかし　どうして知ってるの？

私見をいえば
小学校の国語の時間は基本的に自由読書で
いいかと思う。雑読乱読の時代抜きでの
精文精読はしょせんたいした力にはならないのではないか。

あきら　だいたい昔からそうなんだよ。

たかし　小さい段落と大きい段落があるんだよ。

あきら　うんうん。

たかし　で、小さい段落わけは簡単。最初の字がひとつ下がって始まるのが小さい段落の最初に決まってる。

あきら　オー、単純。

紙芝居の絵一枚になるくらいの長さが大きい段落ひとつぶん

たかし　問題は大きい段落のほう。これの見分け方がむずかしい。

あきら　うん。読んで意味をつかまえなきゃな。

たかし　でも、ぼくはわかる。ちょうど紙芝居の絵一枚になるくらいの長さの話が大きい段落ひとつぶん。

あきら　なにそれ？ 先生がそういったの？

たかし　いうわけない。

あきら　じゃ自分で考えたの？

たかし　そう。

あきら　ふーん、なんだか頼りない見当のつけ方だな。（でも直観的で案外いい線いってるかもしれない。）で、段落わけの次は？

たかし　うーん、新しく出た漢字を書きだす。

あきら　うん、四年生はどんな字やってるかな？

たかし　けっこうむずかしいよ。

あきら　どれどれ、ほんとだ。標・量・唱・達・刷・類・働・観・街・辞・径、すごいな、径《こみち》なんてふだん使わないのに。ああ、直径とか半径の径《けい》だな。それ以外には使わないな。こういうのって本好きな子が自然に覚えるなら抵抗ないけど、苦手な子が暗記のために暗記するっていうとやっぱり大変だよな。漢字文化の国だし、個人的には漢字ってけっこう好きだし、今さらどうこう言わないけど、日本の子は大変だ。

たかし　そうなの？　他でおまけしてよ。

あきら　そうだなあ。でも、本当に漢字は多いんだよ。ざっと五万字っていうもの。

たかし　ガーン。

あきら　でも大丈夫。それ全部覚えている人なんて一人もいないから。

たかし　ふーん。じゃなんのためにあるの？

あきら　そうだよなあ。

たかし　無量大数みたい。

あきら　うんうん、で、漢字の書きとりが終わると？

たかし　あとはいろいろ。感想を順番に言ったりする。

道徳は心の授業だから

あきら　そうだね。じゃ他の教科書見せてよ。これは道徳だ。道徳って月曜日の一時間めにあるでしょ。

たかし　ううん、水曜の五時間め。

あきら　あれ、そう？　ぼくが子どものころは必ず月曜の一時間めだったけどな。

たかし　どうして？

あきら　うーん、どうしてかなあ。（たぶん修身といっていたころの名残りで「一番大切な授業である」という意味あいから週の初めが定位置だったのだろう。）で、道徳ってどんなことしてるの？　この教科書の文章読んで思ったこと言い合うの？「お見舞い」「人間愛の金メダル」「声にならないあいさつ」。うーん、なんだかタイトル見ただけで中身がわかるような気がするなあ。

たかし　あ、でも教科書使ったのはまだ二、三回しかないよ。たいていは先生のお話。

あきら　お話？　いいじゃない、おもしろそう。

たかし　おとうさんが考えてるのは昔話でしょ。そうじゃなくて、先生が「この前、学校でこんなことがありました。みなさん、どう思いますか？」ってきくの。道徳は心の授業だから。

あきら　ああ、じゃ「○○くんが○○くんをいじめたけど、どうすればいいですか？」みたいな……

たかし　そう。道徳は心の授業だから。

あきら　じゃあ、教科書はあまり使わないと……。

たかし　うん。でも道徳の教科書は読み物が一番多いからおもしろい。

あきら　なに、それ。雑誌みたいに言うなあ。

たかし　うん、時々自分で読む。

算数の時間。
生徒の計算の答えを 先生は電卓でチェック。
「せっかく一所懸命 計算したのに 先生はずるい」
と 隆はぼやく。

おひなさまのあられの形

あきら 学校じゃ他に読むものないもんな。で、次は算数。四年生の上の教科書はえーと「わり算」「角」「折れ線グラフ」「がい数」「四角形」「台形と平行四辺形」な。台形ってどういう形か知ってる？

たかし 台形？ そこ、まだやってない。

あきら ああ。平行四辺形は？

たかし ？ わかんない。

あきら ひし形は？

たかし うーん、こういう形。（と両手の親指と親指、人差指と人差指をくっつける。）

あきら　だからどういう形？

たかし　おひなさまのあられの形。

あきら　（笑）ああ、そうそう。お互いにそれでわかればそれでいいのかな。（もっともっともらしい定義を考えていた。）

たかし　それよりおとうさん、ここ見て。

あきら　なになに、「次のページのグラフはどちらもたかしさんの一月から八月までの体重のかわり方を表したものです。どちらのグラフが見やすいでしょうか」。

ああ、たかしって名前はけっこう出てくるでしょ。

「あぶらかたぶらぁ！」のほうが言いやすくていいと思う

たかし　うん、時々出てくる。この前ね、国語の時間にチョーおもしろいことがあったよ。

あきら　ほら、ここ。谷川俊太郎の『きもち』っていう詩。「そのときこうちゃんがどしんとぼくのせなかにぶつかった」ってあるでしょ。ここんとこをね、うちの組のこうちゃんが読むことになったの。みんな笑っちゃった、ハハハ。

たかし　ふーん。

あきら　それにね、こうちゃんはぼくのとなりの席なの、ハハハ。（思いだしてもおかしいという風。）

たかし　ふーん。（なんでそんなにおかしいんだ？）

あきら　でも、この『きもち』って詩は四年生には向いてない。

たかし　え、どうして？

あきら　四年生にはむずかしすぎる。

たかし　え、そう？（いそいで読んでみる。）べつにそんなでもないだろ。それに詩って完全にわかる必要はないんだよ、なんとなくわかればいいの。

あきら　長すぎる。

たかし　たった二ページだよ。もっともっとえんえんと続く詩もあるんだよ。

たかし　最後の行は「あぶらかだぶらぁ！」じゃなくて、「あぶらかたぶらぁ！」のほうが言いやすくていいと思う。

あきら　アハハ、きびしいなあ。

そうじゃなくて。八〇円のジュースはないの

たかし　（いきおいづいて）あと算数でも変なのがある。「四人の子どもに一五〇円のケーキを一こずつと八〇円のジュースを一本ずつ買って配ります。お金は全部でいくらいりますか」っていうの。

あきら　ああ、消費税が入ってないんだな。

たかし　そうじゃなくて。八〇円のジュースはないの。たいてい一一〇円だよ。

あきら　（笑）そんなこと言ったらきりがないだろ。こっちの問題は「一枚二五円の工作用紙があります」ってあるけど、もっと安いもん。ここでリアリズムを求めてもしょうがない。鉛筆とノートと消しゴムばかりじゃなくて工作用紙をだし

ある日、先生の教科書には
みんなのとちがって最初から赤い字で答えが
印刷してあるのを発見した隆。けっこうびっくりして
以後先生を尊敬していない。やっぱり
教科書ガイドを見られてはまずいぞ、先生。

てきたあたり、執筆者も努力はしてるんだろ。

それよりこっちの問題のほうがダメなんじゃないかな、「色紙が一〇二六枚あります。これを三八人でわけたら一人あたり何枚になりますか」っていうの。色紙が一〇二六枚もあってなにをするんだって状況が思いつかないからなんか感情移入ができないなあ。そういうのはどうでもいいのかなあ。

たかし そうだよね。色紙ってたいてい何枚か一緒のセットで売ってるもんね。

あきら アハハ、そうそう。バラで一〇二六枚っていったら数えるだけでも大変。こんなのは計算するより一〇枚くらいずつ先に配っちゃって手もとに実際たまった分を数えたほうが早くて合理的。

たかし　うんうん。

あきら　で、次は社会科。

たかし　社会は教科書がいっぱい。ふつうの教科書、それと地図帳に『荒川読本』『川とわたしたち』『住みよいくらし』で五冊。社会の日は重い。

あきら　ああ、あとの三冊は狭山市教育委員会とか埼玉県とかが作った教科書だね。で社会科は今なにをやってるの？　地理とか歴史とか……。

たかし　ううん。今はずっとゴミのこと。この前までは水のことだった。

あきら　へえー。あ、ほんとだ、四年の上はゴミと水と交通事故の三つだけだ。

たかし　それと火事で四つ。

あきら　なるほど。身近で大切っていえばそりゃそうだね、次は？

たかし　理科。

四年生の春の遠足は 社会科の「水」の授業にからめて浄水場見学。隆は「つまらなそう」と言いながらでかけ、帰ってきてからは「水がたくさんあった」とだけ言った。そりゃそうだ。

それって四年生を馬鹿にしてない？

あきら うん。ああ、虫や花の観察だね。なんか永遠の定番て感じでけっこう好きだな。今、なんの観察してるの？

たかし ん？ なにも。

あきら 教室の後ろでなんか飼ってたじゃない。参観の時、見たよ。

たかし ああ、ハムスター。あれは先生が持ってきたの。

あきら みんなで飼ってるんだろう。

たかし うん、静かだからあれはいいんだって。

あきら　そうだなあ、朋子（隆の姉）たちは教室で金魚飼ってたんだもんな。

たかし　死んじゃったけど。

あきら　うん。（先日、六年生の朋子のクラスで休み時間に水槽の金魚が全滅した。理由は男の子の一人がハイター［洗剤］を水の中にまいたからだった。朋子やほかの子、話をきいた親たちもけっこうショックを受けた。）

たかし　あとね、ぼくのとなりのクラスで飼ってたハムスターもね、トイレの便器の水の中で死んでたんだよ。

あきら　ヒェー、まさか自分で飛びこむわけないよな。学校で飼われる動物は気の毒だ。校庭の金網でうさぎ飼ってたよね。

たかし　ニワトリも。

あきら　あれ、えさやったりそうじしたりしてるの？

たかし　あれは二年生の仕事。

あきら　ああ、代々二年生。じゃそのあとはなにもしない。

たかし　うん。

あきら たまにはのぞいたりする?

たかし 全然。

あきら トホホ、やっぱり気の毒だなあ。(でも、飼育とか観察とかのことばからくるどこか冷たい感じってなんなんだろう? 生きものと接することが本来楽しくないはずはないと思うのに……。)

でも理科の教科書ってカラー写真が多くて生きものが多くて見てていいな。キンダーブックみたい。

たかし でも、それって四年生を馬鹿にしてない?

あきら おお、注文多いな。でもたしかに一年生から六年生までみんな同じような感じではあるな。次、行こう。

たかし あとは図工と書写と音楽。

あきら 図工の教科書ってのは使った記憶がないなあ。結局、自分で描いたり作ったりするんだもんなあ。使ってる?

たかし ううん、あんまり。

あきら　だよなあ、教科書の絵のとおり描いてもしょうがないもんなあ。
たかし　書写は使う。
あきら　書写ってお習字だろ。ああ、お手本集ってことだ。それじゃ使うよ、お習字は図工と反対でこの通りに書くのがいいってことだから。
たかし　「左右」だって。書き順がまぎらわしいんだよな。
あきら　そう、左は横棒から書くのに右はたて棒から書きはじめる。どうして？
たかし　うーん、どうしてってきかれてもなあ。こっちだって責任とりきれないなあ。昔からそうなってるんだから。でもね、まあこういうこと言うのもなんだけど、そのへんあんまり深く考えなくてもいいよ。
あきら　そう？
たかし　うん。テストで書き順なんか出る？
あきら　あまり出ない。
たかし　うん、それならそれでいいや。出れば×点かもしれないけどさ、でも結局、自分の書きやすい順に書いて、他人が見てわかればそれでいいんだよ。そんなもんだよ。

たかし　ふーん。

漫画をふやす！

あきら　で結論。教科書ってどう思う？

たかし　どう思うって？

あきら　いいとか悪いとか。

たかし　考えたこともない。

あきら　そりゃそうだな。じゃおもしろい？

たかし　別に。

あきら　そうだよなあ。どうしたらもっとおもしろくなると思う？

たかし　（いきおいこんで）漫画をふやす！

あきら　ああ、なるほど。他には？

たかし　うーん、ひとついい考えがある。

あきら　うん。

たかし　今、教科書って上と下にわかれてるでしょ。

あきら　うん。下巻は二学期になってからもらうわけだ。薄くなった分、持ちはこびが軽くていいよね。ぼくの子どものころは一年一冊だから厚くて重かった。

たかし　それをもっとわけるといい。

あきら　どれくらいに？

たかし　だから毎月一冊くらい。

あきら　おお、月刊教科書！

たかし　そうそう、付録もつけて。

あきら　今月は豪華三大付録つきなんてか。

たかし　だって一冊に半年分入ってると時々先を見ちゃうからつまんなくなっちゃうんだもの。

あきら　希望がないもんな。今月はつまらなくても来月はおもしろいかもしれないっていうような。

たかし　ふふふ。

あきら　うん、これはいいかもしれないぞ。

(3)　インタビューを終えて

教科書をめぐる論議は今までいくらでも行われてきた。

だがその大半は、「なにを教えるべきか」、「なにを教えないべきか」、「どう教えるべきか」、「どう教えないべきか」という教える側の視点でのみ考えられ、「なにを学びたいか」、「なにを知りたいか」という子どもの立場からの検討はほとんどなかったと思う。そろそろ子どもにも検討の輪に加わってもらった方がいいし、その方法を考える時期に来ているのかもしれない。

また、「おもしろい」ということばをキーワードに「どうしたら教科書はもっとおもしろくなるのか」という問いかけもなされていいはずだ。

おそらくそういう視点で教科書は作られてきていない。

だが一冊の本として、放っておいても子どもの方から読み、学び、覚えたくなるような教科書を作ることはそんなにむずかしいことだろうか。

内容だけでなく、スタイルも検討されていい。

あんな薄い本を半年も見ていれば飽きるに決まっているし、教科書の月刊化という隆の提案は使う立場ならではの新鮮な意見だと思う。

ぼくの隆へのインタビューが核心をつけたかどうかわからないが、全国で同じような試みが行われていくと、子どもたちが教科書をどう思っているのか、どうしたら教科書はもっと魅力的になれるか、新しい流れが見えてくるような気がした。

8

一〇歳の隆さん　来た道をふりかえる

一九九六年七月

(1) インタビューの前に

とうとう隆は一〇歳になった。五年生だ。

得意科目特になし、不得意科目特になし。体育方面、芸術方面どちらも中の上くらい。

担任の先生からは「忘れものが多いので気をつけてください」と連絡帳に書かれたりする。

漫画が好きで、おかしが好きで、野球とサッカーが好きなごくふつうの少年だと思う。クラブは演劇部に入っている。八年間続けてきたインタビューも、そろそろ終りの時期が来たようだ。

理由はぼくの方の問題でいうと、保父出身のせいか、「子ども」といわれたときに頭に浮かぶ年齢層が低く、もうそろそろぼくの考える「子ども」から隆が卒業しかけている点。

そしてもうほとんど似たような価値観や常識の中で隆と話ができるようになってきた点だ。

もう、大人を笑わせてくれるようなとっぴなことばは出ない。

そのかわり、あえて笑わせようとするジョークが出てくるようになった。

ちゃんと成長している。

このあと隆のことばを一々取りあげて心理分析したりするのは、本人の望むところではないだろう。

親子ではあるけれど、もう別々の物語を始めねばならぬ日は近い。

(2) インタビュー

「みてこうもん」ていうの

あきら　演劇部ってさ、女の子ばっかりなんじゃないの？

たかし　どうして？

あきら　いや、なんとなくそう思ったんだけど。

たかし　そんなことないよ。男が九人で女が九人。

あきら　へえー、ちょうど半分ずつかあ。それでどんなことやってるの。

たかし　最初はね、発声練習だっていって先生が配ったプリントをみんなで読んでたの。谷川俊太郎さんの詩だった。

あきら　ああ「いるかいないかいないかいるか」みたいなの？
たかし　大当たり。でもね、今度、発表会することになって四つの班にわかれて劇の練習してる。
あきら　ふうん、台本は？
たかし　はなしのこと？　自分たちで考える。
あきら　へえー、隆たち、なにやるの？
たかし　うん。「みてこうもん」ていうの。
あきら　く、く、くだらねー。
たかし　これ、盛田君が言いだしたんだ。
あきら　隆は何の役？
たかし　悪役。ごんすけっていうの。
あきら　悪役？　へえー。
たかし　でも、あとはみてこうもんと、すけべのすけさんと、おしりをかくさんと、おぎんなんだから、ごんすけが一番いいと思う。

ちなみに姉の朋子のクラブは人力飛行機部。
TVでおなじみのびわ湖鳥人間テストに出場。
プテラノドンタイプの飛行機を4ヶ月かけて作り
2秒で水の中へ青春している。

あきら　うーん、それもそうだなあ。これ、全員男でやるんだろ？

たかし　うん。

あきら　そうに決まってるよな、男ってまったく。

たかし　次は「マッチョ売りの少年」っていうのやる。ムキッムキッ（と力こぶをだして見せる）。

あきら　そうだろうなあ。そういう路線の班なんだ。他の班はどんなのやるの？

たかし　ええと「新畑任三郎」っていうの。

あきら　それも男ばっかりだな。TVの「古畑任三郎」のパロディだろ。

たかし　あと「小人のパン屋」っていうのと

「山にのぼろう」っていうの。

あきら　それは女の子の班だ。

たかし　おとうさん、すごい。よくわかるね。

あきら　わかるよ。まったく。

たかし　おねえちゃんの学校（朋子は中学二年になった）には時代劇部ってあるんだってね。

あきら　うん、けっこう人気があるらしいよ。殺陣《タテ》がきまってるんだって。

たかし　殺陣ってチャンバラのこと？

あきら　そう。剣道部と試合をして勝ったそうだ。

たかし　それってもしかして剣道部が弱いんじゃないの？

あきら　やっぱりそう思うか、ハハハ。

（ここでコーヒーとバナナパフェが運ばれてくる。しばし休憩。）

お金について話したところからは覚えてる

あきら さて、実はね、ずっとやってきたこのインタビューだけどさ、今回で一応おしまいにしようと思ってるんだ。

たかし ふうん、どうして？

あきら だって隆ももう、子どもでもなくなってきたからなあ。それでね、今日は総集篇というかこのインタビューの企画そのものについてきいてみたいと思って。

たかし うん。

あきら ほら、今までの分。（と、テーブルに『子どもとゆく』を七冊並べる。）

たかし いっぱいあるね。

あきら 昔の方の話、覚えてる？

たかし 全然。このお金についての話をしたところからは覚えてるけど。

あきら 三年前だね、七歳だ。その前は？

たかし　うーん。どこかのお店でところてんを食べたのは覚えてるんだけど……。

あきら　ふんふん。そんなこともあったな。で、隆はそもそも小さい頃のことってどれくらい覚えてるの？

たかし　あんまり。

あきら　おなかの中にいたときのことは？

たかし　全然。

あきら　生まれてきたときのことは？

たかし　全然。

あきら　へその緒を切ったのはぼくなんだけど。

たかし　ぜーんぜん。

あきら　そうかあ。じゃあちょっと自分でうーんと昔だなと思ってることを言ってみてよ。

たかし　うーん。韓国に行ったのは。

あきら　ああ、隆は三歳だったよ。なにを覚えてる？（その年、一家四人で韓国を三週間

←北朝鮮の山なみ
地雷原
やってきました
38度線。
子どもに感銘を
与えようと
しきりに話しかけるのだが　しかし子どもの興味は
のりものとしての戦車に集中。

ほど旅して歩いた。）

たかし　うーん、おねえちゃんがバスの中でリュックをなくした。サーカスを見た。雨の日だった。それから食堂に行くと食べたあとガムをくれた。ビビンバがおいしかった。えびにからしがついてて、おとうさんとおかあさんがなめてからくれた。それからそれから……。

あきら　ふんふん、えびにからしね、ああ、ソウルのデパートの食堂だな。（これは初耳なのでうれしかった。韓国はからい料理が多い。「からくしないでください」とわざわざ頼んでむこうが加減してくれた料理でもまだからい。唐辛子で真赤なスープのラーメンに隆は泣いたものだ。そこで、からいものは親がしゃぶってから与えるという苦肉の策をとった。

隆が言っているのはそのことなのだが、子どもの思い出話というのはおうおうにして記念に撮った写真のコマをあとで見てそのまま覚えているだけとか、両親がしゃべる自分に関するエピソードをなんとなく自分自身の記憶と勘違いして思いこんでいるケースが多い。その点この話は事実なのにぼくらが取りたてて話題にしたことはないので、純粋に隆の記憶だと思う。三歳の隆は両親が交互にエビをしゃぶる様子をまじまじと見ていたのだろう。）

たかし　他にどんなこと覚えてる？

あきら　うーん、おばあちゃんとディズニーランドに行った。

たかし　おばあちゃんとね。四歳くらいかな。

あきら　水の上をボートで行った。最後にお城で赤ちゃんが泣いて、どこかの男の子が竜を退治した。

ふんふん。（ジャングルクルーズとシンデレラ城の話だと思う。）

たかし　町営住宅のことは覚えてる？
あきら　え、うーん、どんなんだっけ？
たかし　長瀞で。隆、五歳まで住んでたんだけど。
あきら　ありゃ、覚えてない。おふろが外にあるんだったっけ。
たかし　そうそう。おふろ場だけ庭にあって雨の日はかささないと行かれない家。
あきら　そうだ。でもどんな家だっけ。思いだせない。
たかし　へえー、そんなもんかねえ。あんなに長いこと暮らしたのに。じゃあ保育園のことは覚えてる？
あきら　うん、覚えてるよ。
たかし　同じクラスの子、誰がいた？
あきら　しゅうちゃん。それと……うーん……かとうけんちゃん。えー、ゆうじ。あとは……ちひろ。
たかし　ほんとかよ、そんなもんなんだねえ。先生は？
あきら　遠藤さん。

あきら　わし組（年長組）のときの担任は？

たかし　えーと、なんだっけ。三川さんだっけ、三浦さんだっけ……うーん。（隆、思いついて『子どもとゆく』の「杉山隆さんに保育園についてきく」の号を取りあげてパラパラめくり）三村さんだ。

あきら　……。違うんだなあ、これが。

たかし　？

あきら　三村さんじゃないんだよ。（実はこの号では担任保母に批判的に書いてある部分があることを考えて三村さんという仮名にしておいたのだ。隆は今ちゃんと正しい名前を自分で言ったのに、記憶よりも書かれてある文章の方を信じてしまった。こういうのを見るとなんだか偽の歴史などいくらでも作れそうでこわい。）

たかし　……。そうだっけ。（けっこうショックな風。）

あきら　うん。（ぼくも隆が保育園を卒園したときの担任の名前を忘れているのはちょっとショック。ただ隆のためにいくらか弁護すると、隆はこの担任保母に決していい思い出を持っていない。そこで無意識のうちにその名前を自分の記憶から追いだして行っていたとは考えられるかもしれない。）

たかし　クラスの名前は？

あきら　二歳のときがあひるぐみ。それからひばりぐみできじぐみでわしぐみ。

たかし　そうそう。他にはどんなこと覚えてる？

あきら　うーん、うーん。いろいろあるからなあ。そんな昔のことは思いだせない。

ぼくはずーっとぼくなんだけど

あきら　そんな昔って……。まだ生まれて一〇年しかたってないんだけど。

たかし　そうなんだけど、ハハハ。

あきら　うーん。大人になるとね。一〇年なんてついこの前なんだよな。

たかし　ほんと？

あきら　うん。気分的には学生時代をまだひきずってるくらい。するとなんだな。『ゾウの時間ネズミの時間』て本を読んだけど、子どもと大人では流れる時間の速さが違うのかな？

たかし　？

あきら　ふんふん。（ひとりごと）子どもはきわめて短い時間を刹那《せつな》刹那《せつな》で生きていく、大人はもっと長い単位で時間を考えるということは……ふんふん……体重に関係あるのかな。おお、時間の速さは体重量に反比例するとしたら、なんかおれ、すごい法則を発見したのかな……。アインシュタインもまっつぁおだ。（よくわからないことを口走る。）

たかし　？

（しばらくして。）

あきら　でも八年の間にずいぶん変ったよな。

たかし　うん。おとうさんは？

あきら　さあ、どうかな。隆は変ったかい？

たかし　さあ、変ったような、変ってないような。

あきら　うん。変ったところもあるし、変っていないところもある。変ったようで変っ

ていないというか、変っていないようで変ったというか、変らないまま変った
というか、変ったのに変らないというか。

たかし　ははは、なにそれ。

あきら　うん、でもまあ親から見るとそんなふうに見えるわけだ。

たかし　ぼくはずーっとぼくなんだけど。

あきら　ああ、そうだな、ほんとに。それをしめのことばにしよう。八年分の結論だ。
じゃあ、ほんとにおつかれさま。

たかし　はい。ハハハ。

(3)　インタビューを終えて

隆は過去を生き、今を生きている。

じるじる
じゃーねー

II

子どもと対話する意味

——インタビューをして考えたこと

1　聖地サールナートで考えたこと

仏教の四大聖地と呼ばれる場所がある。ブッダが生まれたカピラバストゥ、悟りをひらいたブッダガヤ、初めて説法をしたサールナート、そして亡くなったクシナガラだ。

以前インドを旅したとき、そのひとつ、サールナートを訪れた。町というほどの規模ではない。黒く低い森に囲まれた広い野原の中央に巨大なブッシャリ塔が建つだけで、あとは風が吹きぬけるばかりの静かなところだ。

ここでブッダが教えを語りだしたとき、最初に寄ってきて耳を傾けたのは鹿の群れだというが、いかにも人の匂いがしない。一人のチベット僧が塔にむかって際限なく五体投地の礼をくりかえしている他には誰もいなかった。

他にすることもなく、ぼくは草原に寝そべった。

そして、これも他にすることもないままに少々の考えごとをした。

誕生の地、寂滅の地、悟りの地が聖地と呼ばれるのはもっともだと思う。だが悟ったことを人に語っただけの場所が果たして他と同等の聖地といえるものか、ぼくには疑問だったのだ。

悟るという崇高で誰にもできるわけではない行為に比べれば、しゃべるのは誰にでもできることだ。重みが全然違うではないか。

そのことを少々不思議に思い、考えをめぐらしているうちにうとうとと眠りに落ち、この疑問はそのままになってしまった。

だがあれからいくらか歳をとり、この「子どもインタビュー」を重ねてきた今ならもう少しわかる気がする。

常識的にいえば、説法を開始することは他人に影響を与えようとしはじめることだし、そのことで教団ができあがっていくのだから、サールナートはエポックメーキングな所に違いない。

だがもっと決定的に重要なのは、ブッダが自分の悟ったことをついにことばに置きかえることに成功したことなのだと思う。

考えてみれば、悟りの瞬間はことばや文字の形で訪れるとは限らない。ことばでてくるくらいのレベルはたとえばちょっと気のきいた言いまわしを思いついたとか人生訓を得たといった程度のもので、本当に悟るというのは、たとえばふと気がつくと身のまわりのものがすべて新しく感じられるとか、自分がまばゆい光に包まれたような気がするとか、世界中のものがすべて生きていると信じられるようになるとか、とにかく非常に気分のいい初めての感覚なのだと思う。

だが感覚や心象はうつろいやすい。心に浮かんだことがらは、なるべく早く的確なことばに置きかえて固定しなければすぐにどこかに行ってしまう。

そして無限というべき心象を限られた数しかない単語を使ってことばに置きかえるのは決して簡単な作業ではない。

それは悟ることとはまた別の力が必要なのだ。

ブッダのえらさは万人が到達できるわけではない「悟り」に至り、なおかつそこで得た形のない感覚を借りものでないことばで表現しようとし、さらにそのことに成功した点にもあるのではないだろうか。

個人的に悟りに至るだけなら、他の苦行者にもきっといたに違いない。

だがブッダはその道程を他の人の共感を呼ぶことばに直しえた。

そのことが結局、世界の歴史に大きく影響を与えることになる。

説法の地サールナートが四大聖地のひとつたりうる所以はここにあるのだと思う。

2　子どもはブッダに似ている

さて子どもは誰でもブッダと似たような体験をへてくる。

それはこのインタビューシリーズの最中に気づいた。

大人になれば考えごとはことばでする。

文字で頭に浮かぶこともある。

その方がそのまま他人に伝えられるし、形になるからあとでとりだすこともできて楽だ。

だが、まだことばや文字を獲得していない乳幼児はどのように考えたり思ったりしているのだろう。

考えたり思ったりしないことはないだろう。

そしてそれはおそらくことばや文字に先行するだろう。

その心象はどのような形で心に浮かぶのか――雲のようか光のようか想像がつかない。

誰でも乳児の時代を確実に過ごしながらその頃のことをなにも覚えていないのは、見たり聞いたりしたことを心に刻む手段を持っていなかったことと無関係ではないだろう。

ただ見たものを指さして、「アー」とか「ウー」とか言うばかりだったのだ。

次々に現われる初めてのもの、初めての感覚をどう表現したものか、子どものことばを獲得するまでの道のりは冒険に満ちている。

その冒険の旅のところどころで少し足をとめてもらって、少々話を聞かせてもらったわけだ。

思ったよりはるかにまっすぐ考えながら隆は歩いてきたらしい。

二回めの「仕事を語る」での、どうすればパイロットになれるかという考え方など、頭が下がるくらいストレートで笑っては申し訳ない。

その時点での全知全能をふりしぼっている。

この子どもインタビューでも、前半の方では、世界に手づかみで挑むその感じがよく見えた。

聞き時を逸せずにすんだ。

そしてある段階からすべてのものには名前があることを知り、ニュアンスの違いを知り、ことばの便利さを知り、そこからはどんどんぼくたち大人の価値観に近づいてくる。俗に「子どもらしい新鮮な表現」といわれるすてきな言い方も、一人よがりの変なことばもでてきはするが次第に落ちついていく。

この子どもインタビューも後半になると、ぼくの質問と隆の答えはちゃんとかみあっている。しかも時に言いよどんだり、はぐらかそうとしたりする。

一人で歩いていた道からだんだんぼくらと同じ大通りに出てきたというべきか、処世の道も心得てきたらしい。とりあえずもうことばや文字を得る旅は終りに近づいてきたのだろう。

親子だからこれからも毎日会話は続くのだが、「子どもインタビュー」という言い方はもう終りだ。

壮大な旅をのぞき見させてもらった気がしている。

3 子どもインタビューのすすめ

この子どもインタビューは、していて楽しかった。今まさに小さい子がいる家庭にはお勧めしたい。

まず、いい記念になる。

インタビューにもでてくるが、一〇歳の隆は三歳や四歳の頃の数年分については、インタビューされたことそのものから覚えていなかった。

ことばは空気のようなものだから、テープなり文字なりに固定しないとすぐに消えて二度とはもどらない。

幼い子の記録方法としては、たとえば写真があり、最近ではビデオもある。

客観的な記録としては、ありのままを映しだしてすぐれたものだ。

だがインタビューでは子ども自身が自分の思っていることを自分でことばにするという点が比類なくいい。

仮にそこにいくぶんのうそがあり、自己弁護や修飾があったとしてもそれはそれでいいし、こちらも聞きもらすまいと頭をフル回転させるので疲れるが、子どもが相手に伝えるためにせっせとことばをつむぎだしている様を見ているのは楽しく、またうれしい。

ぼくの場合は雑誌に載せる前提のインタビューだから、ある種の普遍性を持たせるために毎回テーマを絞ったが、人に見せる予定でなければ、ごく私的でグチャグチャした内容でどこまでも突きすすむということでいいのだろう。

とにかくたずねてみることだ。

また、これは大人と子どもの関係論を考える際のあまりに大きな落とし穴ではないかと思うが、ぼくたちは子どもや教育のことを考えるのにまず子どもに聞くということをどうしてこんなにもしてこなかったのだろう。

子どもについて研究している人の本を読んだり、子どもと一緒にいる機会の多い教育者や保育者の話をきくことで子どもがわかるような気がしていたものだ。

もちろんそれを否定するのではない。

それに「それでは」と子どもにたずねてみたところで、きちんとしたまとまった答えがすぐに返ってはこないだろうとは容易に想像がつく。

だからこれからもそのスタイルが主流だろう。

ただ、それはあくまでも間接的に語られる子どもなのだということは心に留めておく必要がある。

そして、それにしてももう少し子どもに直接たずねる努力をしてみてもよさそうなものだとも思う。

くりかえされるうちには互いに磨かれていくだろうし、方法論としてのインタビュー技術も向上していくだろう。

たとえば一連のオウム報道のとき、サティアンから施設に収容されたオウムの子どもたちに若い女性レポーターはこうたずねた。

「おんもに出たくない？」

相手の女の子は一〇歳だった。

いくらなんでもおんもはないだろう。ふつうに外といえばいいのだ。

また、ファミリー向けのコンサートや人形劇などのイベントで、最後に司会者が前列の子にマイクを向けてたずねることがよくある。

たいていはこう聞く。

「おもしろかった？」

でも大勢の前でこう聞かれたら、状況からいって誰でも「うん」と答えるしかないだろう。たとえ、つまらなかったにしてもだ。

気をつかわれているのは司会者の方だ。

「どうだった？」という聞き方もある。

これはむずかしい質問で、子どもの側からすると「おもしろかった」「楽しかった」と答えるか、沈黙してしまうかしかない。

なぜ、こんなぎこちないことになってしまうのか――要するに大人は子どもと会話をするトレーニングを全然してきていないからだ。

いつの頃からか、大人と子どもの関係は「教育―被教育」「保護―被保護」の枠組みで見るのが当たりまえになってしまった。

だから、伝達することには慣れているが聞くことは苦手だ。たずねれば相手の意志や意見を尊重せねばならないし、答えに即して自分の考えを述べねばならない。

子どもに教えることはあるが教わることはなにもないとなれば、一々インタビューする必要はなくなってしまう。

なんとも罪深い勘違いだ。

だが子どもを教育や保護の対象として語らねばならぬ部分があるのは当然だが、そうではない部分もたくさんある。

そう気づけば、両者は同時代を生きる人間同士だ。

対等の対話というものがもっと試みられていい。

大人と子どもにはごくふつうの世間話がなさすぎる。

そして、あらためてインタビューしてみると、毎日顔をあわせている親子の間ですら、けっこう知らないことはあるものだ。

わからないままわかったつもりになって聞き流していたり、インタビューする大人の側の姿勢こそが問題として浮きあがってきたりする。

インタビューというと、つい特別なテーマについて詳しい人に話を聞いて知識を増やす場と思いこみがちだが、やはり基本はひとつの話題をだしにしつつ、自分または自分と相手との関係についての検証の場をそこに作るということなのだろう。

4　インタビューの勘どころ

何回かインタビューを続けてくると、いいかげん勘どころがわかってくる。

以下に、気づいたことを箇条書きにしてみる。年とともにぼくなりに見えてきたことだ。

①子どもだからおもしろいことを言うと期待してはいけない。

一回めの隆のインタビューのとき、こんなことがあった。

喫茶店で「おしっこは？　出るならトイレはあそこだよ」とぼくに言われた隆は、「出ない」と否定してからこうたずねてきた。

「ねえ、おとうさん。しょんべんっておしっことおんなじ？」

「そうだよ」

「じゃあ、しょんべんっておしっこの苗字なの？」

「ワッハッハ」

だがこれはこれでひとつの断面に過ぎないだろう。

隆の言った見当違いのおもしろいことばを、隆の知らないところで集めて文字にするのはそんなにむずかしいことではない。野性的でいいような気もする。

だが「だから子どものことばはおもしろい」とワンパターンでとらえるのはまた考えものだし、こういうのは家族の楽しいアルバムの一ページに留める以上のものではなさそうだ。

大人の常識からはずれたからたまたまおもしろかったので、子どものことばが純粋におもしろいことばかりのはずがない。

大人同様、つまらないこともいっぱい考えていて当たりまえだ。

だからこのやりとりを、笑いをとるために本文に収録しようとはあえてしなかった。

②「子どもだから言ってもわからないだろう。またたずねても答えられないだろう」と甘く見たり、過保護にしない。

聞きたいことは聞けばいいし、言わねばならないことはやはり言うしかない。

以前、小学三年生の男の子と話をする機会があった。

その子のおかあさんが、「うちの子は歴史が好きで」と言うのでサービスのつもりで武田信玄とか豊臣秀吉の名をだしたら、そんな超有名人は先刻承知で「大塩平八郎が云々」と言いだしてきた。

思わずぼくは正座しなおした。

そうとなればぼくも歴史好きだから、北条氏康とか蒲生氏郷とか自分好みの渋めの武将の名をだしたら、ほんとうに彼も喜んで話がはずんだ。

要するに彼の方も、クラスに同じレベルの話ができる子はいないし、母親に言ってもわからないしと、一人でしまいこんでいた世界だったのだ。言ってみなければわからないものだ。

③　大人なりの都合のいいところ（たとえば文章にしたときサマになっている言い方とか大人から見てユーモアが感じられるセリフなど）に誘導しようとしない。

たとえばぼくが、「自由は好き?」となにげなく隆にたずねるとする。たぶんこれもなにげなく「うん」と隆は答えるだろう。だからぼくが「子どもは自由が好きだ。隆もそう言っている」と書けばうそではない。だが、うそではないが実感はともなわない。

ちゃんとした文脈の中で語られるのでなければタチが悪いし、そういうおきまりのセリフをひっぱりだしたいためにするインタビューは最悪だ。

④　大人がすでに答えを知っていることをわざわざたずねない。

テストをしているのではないのだ。

これはけっこう大人の陥りやすいワナだと思うが、それでは対等の対話にならない。知らないからたずねるという行為にリアリティが生まれるのだ。学校の先生が授業中に子どもにたずねることの大半は、すでに先生側は答えを知ってしまっている。

もちろん基礎教育とは、いやおうなくそういう部分をもつものだろうが、それをベースにして大人と子どもが知っているだけの知識をだしあってその上でどんな対話ができるだろうかというふうに考えるのでないと、教育現場はおもしろくなりそうもない。

⑤　まとめようとしない。

必要にせまられて会議をするのでもないかぎり結論をだす必要はないし、第一、大人同士の雑談でそうそうシロクロつけねばならない場面などでてこない。

これは子どもとの対話でも同じはずなのだが、大人の悪い癖というべきかついまとめたくなってしまう。

「だからみんな仲良くしようね」とか、「平和が大事だね」とかの美しめの傾向に持っていくと誰も反論しようがないから、一応のまとまりを見るが、ことばに力がともなわないだろう。

本でも名作全集ばかりでなく、その何倍ものどうでもいい本の雑読乱読によってある種の土壌が作られる。

同じように、美しいことばの何倍もの、どうでもいい他愛のない尻切れトンボに終る対話の方がよっぽど深いところを耕す可能性がある。

だからそのために対話が大事だと、目的意識的に言う気は全然ない。

そういうことかもしれないと思いつつ、それは頭の片隅に留めておいて、とりあえずは子どもの発することばのおもしろさをめで、ひとときの会話を共に楽しめればそれでいい。

子どものことばは、風や霧と同じようになんとなく生まれてそのそばから消える。意味があるといえばあるし、ないといえばないのだ。

⑥　相手の全力にはこちらも全力をだす。

わからないことは「わからない」、知らないことは「知らない」という。

このセリフを子どもに言えない大人はけっこういる。

だが、フランクに言えるようになった方が自分も楽だし、子どもも楽になれる。

高校時代にこんなことがあった。

世界史の時間に級友の一人が教科書に書いてあることに関連して先生に質問をした。もう、そのなかみは覚えていない。しかしそのあとの先生の対応はよく覚えている。先生はしばらく教科書に目を落とし、ブッブツと一人言を言い、それからきっぱりとこう答えたのだ。

「申し訳ない。わからない。この次の授業までに調べてくるからこれは宿題にさせてほしい。そういうことでいいだろうか？」

質問する生徒は軽い気持ちでたずねただけだし、こんな深刻な答えが返ってくるとは思っていない。

まわりのぼくたちだって驚いた。

ぼくは小中高を通じて先生からこんなストレートなことばを聞いたのは初めてだった。もう高校生ともなると、小学生の頃のように（先生はオールマイティだ）とは夢にも思っていない。

（虚勢を張ってるよな）と見抜くところは見抜いている。

そこに、ごまかしのないこういうセリフが来たからこの先生はカブをあげた。

そうだ、こういう対話をぼくたちは待っていたんだと思ったし、これでこの先生を「ものを知らない先生だ」とバカにする生徒がいるならそれはその生徒の方が悪い。

今ならもっと言える。

「申し訳ない」などとあやまるようなことでもない。

先生または大人がなんでも知っているわけではない。共に発展途上であると子どもに見てもらった方が、よっぽど互いに楽に呼吸ができるはずだ。

⑦　答えにくいこと、答えたくないこと、どう考えたらいいのかわからないこと、そもそも考える気にならない質問もあることを丸ごと認めることも必要だ。答えを強制し

てもしかたないし、答えようのないこともたくさんある。

たとえばこういう問題がある。

道徳の時間のテストにだすとひっかかりやすい。

「ある女の子が学校から帰ろうとしたとき、雨がふりだしました。どうしようと思っていたら近所の子が近くまでカサにいれていってあげるといいます。そこでカサにいれてもらった女の子はどんなことを思ったでしょうか？」

これを無理矢理答えをださせると「友人の思いやりに感謝した」とか「自分もやさしい子になろうと思った」、「助けあいが大事と思った」とか、なりやすい。

しかし実感をいえば「ラッキーと思った」に違いない。

そしてもっというとそもそも答える気の起きない質問だ。

その女の子がどう思っても別にいいような気もする。「別になんとも思わなかった」という答えでもよさそうだ。

実際、対話では（別に興味がない、別にどうでもいい）ということがゴマンとある。

子どもからの質問によくあるけれど「好きな色は？」とか「好きな花は？」とか聞か

れると本当に困る。

「別に」としか言いようがない。

対話の中ではあいまいなのはごく当たりまえのことだが、教育現場ではどうしてもはっきりさせるのがいいとする傾向があるようだ。

⑧　⑦を押えつつ、「でもやっぱり教えてほしい」とか「今、考えてみてほしい」とか頼んでもみる。相手の心に踏みこむことだが、それはそれで大事なケースもある。⑦と⑧のバランスは、ひとえに質問する大人が答える子どもから信頼を得ているか、大人からの愛情が相手に届いているかにかかることになる。

日頃が大事ということでいいだろうか。

⑨　基本的には親子は雑談の世界だ。ただ「戦争」でも「性」でも「教育」でも、親の側からこの話をたまには一緒にしてみたいんだよという提案はあっていい。たとえば親子でそんな映画を見たあとなどに自然にできたらいいだろう。ただ、くれぐれも自分

が手練手管をつくして子どもを丸めこもうとし、メンツにこだわる癖を持った大人であることを忘れてはいけない。ちょっと油断すると、自分はすぐそういう方向に走ってしまうし、いざとなれば権力を行使しうる大人の方が断然有利なのだ。そしてくりかえすけれど、これは日頃、雑談冗談が成立している親子でこそOKなことで、いきなり格調高い会話が成りたつわけはないし、それをやろうとしたらきゅうくつなばっかりだ。

⑩喫茶店やファミリーレストランを利用してインタビューした場合、なにを飲みたいかは一〇〇％子どもの意向を入れ、会計は親が持つ。「そうでないと二度めからつきあってくれない可能性がある」というのは冗談だが、これはインタビューの基本ルールだ。本来なら謝礼を払わねばならないのだが、なにしろ親子だからそんなものはいらない。でもまあ、せめてアイスでもパフェでもお好きなものをどうぞと、それくらいはあっていいだろう。

以上十戒、子どもと大人の対話を考える上での留意事項として叩き台にだしてみた。

それにしても「ことば」や「対話」は軽く見られている。今まで「子どもたちの生の声を聞こう、大事にしよう」という声が教育現場から起きてきたときですら、それは生活綴方運動や日記帳を書かせる提案であったりしたものだ。書き文字であってことばではない。

なぜそうなるかといえば、ひとつには「子どもと大人の関係論」が教育という枠組みの中でどうしても語られるために、子どもにのみ作業をさせたくなってしまうことがひとつ。

書くことがあなたのためになるという理屈もあるし、書くのはいかにも勉強しているような気になる、というのもあるだろう。

もちろん実際、書くことで書く技術もあがるだろうが、それをいうならことばにだって技術はあるのだ。

子どもと大人は止揚する関係だ。相手がそう答えるならこうたずねる。で、そのあとはこう。

大人は大人で「私はこう思うんだけど君はどう思う?」と自分を明らかにしながらた

ずねるべきだし、子どもにしてもたずねてくる相手によって答えが変ってくるのは当たりまえだ。

そんなやりとりの中で互いにいい気持ちになっていければいいので、一方にだけ告白させてどうするという気もする。日記を書かせるのは、ともするとそういうことになりやすい。

フェアではない。

もちろん、これも日記を書いてほしいと頼む教師とそれをうける生徒の間の信頼関係の濃さにかかるもので、マニュアルとしてやってはいけないという話だけれど。

ことばは一見誰でも自由にあやつれる。

それはあまりに当たりまえのことだから教育の外にあったし、だから重要視されてこなかった。

だが自分の思ったこと、感じたことをそのまま言えるようになることは悟ることに匹敵するほど大きな力だ。

知識のためでもなく教育のためでもない、静かでしかし楽しい対話を大人と子どもの間で始めよう。

と、ここまで書きすすめてきて、ひとつだけ気になることがある。

子どもは生まれたときにはことばをもたない。

ゆえあってことばを手に入れる旅にでる。

それは実り多い旅だし、意味のある行程に違いない。

だが一方的にいいなどということはそうはないだろう。

なにかを得ればなにかは失われる。

隆にもおそらくことばを得ることで終ってしまったなにかがあったに違いない。

便利なことばのおかげで閉じてしまう感覚のようなもの。

雲のような光のようなものを体ごと丸々受けとめて、わからなくとも不安に思わない不思議な力。

自分の問題としてことばの恩恵を受けつつ、そのあたりの力をもう一度取りもどすことができたらもっと幸福になれるだろうと単純に思う。

なくなったわけではない。遠い昔に自分の中のどこかにしまいこんだだけだと思えば、どこかで取りもどせる気もする。

ブッダの悟りへの旅というのも、大人になってことばの世界に一度は入りながら、なおことばでは表現しきれていない自分の欲しているものがどこかにあると感じて、もう一度忘れものを取りにいくようにしつつ、しかしやはり前に進むという旅ではなかったか。

年を追って世界の森羅万象を的確に表現できるようになってきた隆の話をこうしてまとめているうちに、そんなふうに思えてきた。

なにかと気づかせてもらったのはぼくの方だ。

そうと決まればぼくもぼくなりに幸福になりたい。自分のことばと感覚の調和を求めて歩きつづけねばなるまい。

旅はちっとも終っていないし、ぼくも待っているわけにもいかない。

その三〇年ほど後ろの荒野を、今、隆も歩いているのだ。

あとがき

なんだかとても御機嫌な仕事をさせていただいた。

もちろん手を抜いたとかいうのではない。ぼくだって考えるところは考え、夜中に額に手をあてて悩むまねごとくらいはするのだが、にもかかわらず、この本を作るのは楽しい作業だった。

ふつう活字用のインタビューを誰かにすれば、それを整理して読者が理解しやすいように構成しなおす作業がいる。その方がわかりやすいというのであれば時間的な順序をいれかえることもあるし、内容に変化のないかぎりそれも許容範囲だ。

ところが、この本ではそういう編集の必要がなかった。

でてくることばがたとえ意味不明でも、インタビューのライブ感を優先させると最初から決めていたからだ。

おかげで今は本を一冊仕上げたというより、長いライブツアーにようやく幕をおろして、楽屋でビールを飲んでいる旅一座の脇役俳優のような気分でいる。

まったく、会話で一番大事なことは意味が通るということではないらしい。

校正の段階で唯ひとつ気をつかったのは、いずれ大人となる隆が書棚でこの本を見つけたときに腹をたてたり、傷ついたりしないようにとチェックすることだった。

エンターテインメント的な文章をと考えるあまり、筆がすべることがある。本人のささやかな失敗談を誇張し、こちらの推定にすぎない本人の心情を断定的に書いてしまうこともある。

親子であり、とくに相手が小さいのでつい許されてしまうような気がするが、もちろん親の甘えだろう。

逆に隆にも注文をつけておきたい。

こうして自分のしゃべったことが活字になるのは、なんともおもはゆく、晴れがましいものだ。だがそれは、たまたまぼくの子どもだったから実現したことで、ここに立ちどまっていても決して豊かな実りはやってこない。

少年期のひとつの思い出としてアルバムの横にさしておくくらいがよく、やはり旅にでなければいけない。

自分の仕事は自分でしなさい。

そうはいってもせっかくこうして本ができたことだし、とりあえずはまた近くのファミリーレストランでお茶を飲もう。

『子どもとゆく』編集部のみなさん、岩波書店編集部のみなさん、その他おせわになった方々にとても感謝しています。

また、どこかで。

一九九六年十二月

杉山・亮

新潮ＯＨ!文庫版のためのあとがき

この本をはじめて世に出していただいてから今日までまた数年の歳月が流れた。

その間に、ぼくの仕事はおもちゃを作るよりも児童書を書くことの方が主になった。

長瀞の工房は完全にひきはらった。

隆は一五歳、中学三年生になった。

身長はすでに一七〇センチを超え、ぼくを抜くのはもう時間の問題のようだ。

そんなにまで大きくなった人間のことを自分の子どもだというだけで、勝手に推測してあだこうだ書くのはどうかと思うし、本人もいやだろうから、近況を少しだけ報告して文庫版のためのあとがきのかわりにしたいと思う。

今年の三月末の夜更け、隆がぼくの部屋に来て小声で「話がある」といった。

改まってなにごとかと向き直ると「四月から徒歩か自転車で日本を旅したい。だから学校をやめるか休むかしたい」という。

隆には昨秋、埼玉県狭山市のぼくらの家から滋賀県大津市に住む友だちの家まで一人で自転車で走った実績があった。

大津に行くなら当然新幹線とばかり思っていたら、出発予定日の早朝、隆は庭のママチャリとともに消えていた。

思わず絶句したが、毎日連絡はあり、食事はコンビニのおにぎり、トイレもコンビニで借り、地図もコンビニで立ち読みして少しずつ頭に入れ、とにかく国道一号線をはずさず走って、暗くなったら公園のベンチで着の身着のまま寝るという、「倹約、倹約」のそらおそろしい旅を続けて、一週間後に無事大津の友だちの家に到着した。

現代版抜け参りというべき、そのハードな旅の日々を隆はいかにも楽しそうに語ったから、今度の申し出は予測できないわけではなかった。

一応心配はするものの、あらゆる制約から自由な放浪の旅のよさはぼくもさんざんやってきて十分わかっているし、うらやましいくらいなのだ。

「ふうん。考えておくよ」といったん話を切り、夫婦で相談して数日後、台所で親としての回答をした。

「やりたいことはわかった。いい。ただし、おまえは中学三年だ。あと一年だけ待て。今すぐ行ったら不審尋問の嵐にあうのは見えている。あと一年で義務教育は修了だし、そうすれば大手をふって昼間からどこでも歩ける。だからこの一年はプラス志向でトレーニングしたり、装備やルートを考えたりと準備期間にあてればいい。前向きに考えてこの前みたいな抜け駆けはしないでほしい」

実際、前回も不審尋問にあって、遠くの町の警察から電話が家にかかってきた。

「親です。すべて承知のことですので、そのまま放してやってください。気をつかっていただいてありがとうございます」と礼を述べるとあっさりＯＫでその場で放してもらえた。

隆としては「警官は自分のいうことは信じてくれないのか」とおもしろくないだろうが、残念ながら世の中は大人中心でできているし、どうしてもぼくらの後方支援は必要なのだ。

ぼくの話を聞いた隆は涙を流して自分の部屋に戻っていった。

で、四月から三年生になった。

ところが連休直前のある朝、また出ていってしまったのだ。

「やっぱり行きます。しばらく帰りません。ときどき、連絡します」との書き置きがあった。

やれやれと思っていると五日後に「今、滋賀県。自転車で」と電話があった。

その頃にはぼくもそこまで思うならしかたがない、戻る気になるまではどうしようもないだろうと考えていた。

隆は武者修行に出たがっているのだ。

ただ、せおっている装備を聞くとあまりに貧弱なので、急きょ山道具屋でいろいろ買いたし、ぼくの愛用の一人用テントや寝袋といっしょに京都駅まで持っていった。

おちあって食堂で昼飯を食べさせながら、警察に尋問されたら見せろと親としての添え状をその場で書いて持たせ、どうでもいい荷物をひきとって別れた。

そのあと隆は電車で四国に渡り、小豆島の札所八十八番を徒歩で巡礼し、さらに岡山の友だちに借りた自転車で山陽路、九州路、四国路と走り、出発から三週間後、日焼けし、あかだらけになって、夜行バスで帰ってきた。

とちゅういわゆる観光名所にはどこにもよっていない。

道があるかぎり、ひたすらまっすぐ進み、疲れたら道横のしげみにがさごそとテントをはるという、他者には意味不明の「行くあてなしの急ぎ旅」を続け、いいかげん里心がついたところで戻ってきたようだ。

翌日からまたふつうに学校に通っている。

この件で考えさせられることはたくさんあった。

たとえば、ぼくが「一年待て」といったのは、親としてはしごくまともだったと思っている。

本当は将来なにかこれにつきたいという職業が見えてきたとき高校までは出ておかないと専門学校に入れないかもなどということも頭に入ってはいるのだが、それはいっても本人にリアリティがないだろうし、そういう先を見越した考え方はぼく自身も好きでないからこれはいい。

といって逆に「さあ、どうぞ。すべてはおまえの自由なんだよ」と最初からなんでもかんでも子どもの好きにまかせようとも思わない。社会にはなにをするにも一定のルールや価値基準があるし、とりあえずそれを伝えるのは親の仕事だと思っている。

親は協力者でもあるが、かべでもある。

結果、ぼくは「一年待て」という言い方で親なりの妥協案を示して一応のかべの役割を演じ、しかし隆はそれを承知で乗り越えていった。

ぼくが数日かけてだした提案を隆が数日考えて「ノー」といったということだから、もう、ぼくが叱る話ではすでにない。

ぼくたち大人は一般論として小さい子どもたちに「夢のある人間に育ってほしい」という。

『トム・ソーヤーの冒険』や『宝島』にドキドキワクワクする子どもを好ましく思い、子供向けの『将来なりたい職種アンケート』で公務員が上位に入ったりすると「最近の子どもは夢がない」と嘆いたりもする。

だが冒険物語に熱くなり、夢をいだく子どもたちを勝手に好ましく思うぼくたち大人は、では子どもがほんとうにその夢を実現させたい、自分も冒険をしたいと具体的に一歩踏みだそうとしたとき、心底その実現を手助けする側に回れるだろうか。

たいていは「物語と現実は違うよ」とさえぎり、そのいいかたがあからさまだと思えば「まだ早い。大きくなってから行きなさい」とじょうずに煙に巻いてしまうのではないだろうか。

そうやって今を押さえてしまえば、たいていの子は大人になってから冒険の旅になど出ない。大人になるというのはただ年齢をかさねることではなく、価値観・幸福観が変わることだからだ。

だがやはりこれは大人がずるい。

なぜなら冒険物語の主人公たちは誰も大人になるまで出発を延期しない。

大人にまじって敢然と旅に出、危機を乗り越え、使命を達成し、大人の鼻をあかし、自らを成長させて戻ってくる。

だからかっこいいし、子どもたちはかっこよく生きたいと思っているのだ。

だが、大人の懸念はもっともで、現実の世の中は大部分の人と同じようにごく普通に暮らしていればいろいろな制度や機関が保護してくれるが、レールからそれた夢を追う子には不便にできている。

ふだんは守ってくれる側のはずの学校や警察や地域が別の顔になって立ちはだかる。そのリスクをせおいつつ、なお自分は冒険したいんだと子どもが願ったとき、「よし、わかった」と腹をくくって子どもの夢の側につくのは、けっこうふんぎりがいる。

親としての資質が問われる。

今回、仮に隆がぼくの「いいつけ」を守り、さらに一年後にはそれも忘れて結局旅立たなかったとしたら、ぼくには『あのとき分別くさい顔で子どもの夢をつぶした』という苦い思いが残ったかもしれない。

勝手な話だが、そうとなればぼくが寝ているうちに隆が出ていったことで、救われたのはぼくの方ということになる。

今回この本を新潮OH!文庫の一冊に加えていただくことになり、改めて読み直してみた。

そしてインタビューの中で、八歳の隆がすでに「ぼく、旅にでたいなあ。一人でどこまでも歩いて行ってみたい」と夢を語っているのに気がついた。

ヒューッと口笛をふきたい気分だ。

口ではずっと前からいってきたことだが、子育ても終盤に来て、ほんとうの意味で覚悟しなければいけないらしい。

夢をつぶす側にまわってはいけない。

文庫収録の前に隆に本文について「今の段階で書かれてほしくないと思うところがあればいってほしい。はずすか直すかするから」とたずねた。

このあとがきにも目を通してもらった。

結果、すべてＯＫとのことだった。

ぼくがこの本を書いたことが本人を誤解させ、本人の人生に妙な影響を与えてしまうのは罪深い。

だからよかった。
もしかしたら、それが一番よかったことかもしれない。

二〇〇〇年八月

杉山　亮

ちくま文庫のためのあとがき

この本を上梓してから二六年たった。

ぼくは六八歳になった。

白髪は増え、物忘れも増え、時に膝が痛んだりする。

もう電車のシルバーシートに座っても怪訝な顔はされないし、映画館は割引で入れるし、逆に献血はもうじき受け付けてもらえなくなる。

気持ちは若いつもりだが、まちがいなく歳をとった。

本文で書いた以降のぼくと隆のことを書いてあとがきに代えたい。

まず、ぼくの方。

大きなこととして住居が変わった。

この本が出た時は埼玉県の狭山市にいた。住宅ばかりの典型的な東京のベッドタウンだ。

が、五一歳の時、山梨県北杜市の小淵沢に引っ越した。

八ヶ岳の中腹の標高一〇四〇メートルの高原だ。

理由は単純で五〇歳目前のある日、夫婦でお茶を飲みながら「ぼくら二人の幸せってなんだろうね？」という話をしていたら「広いきれいな景色に包まれて暮らすのが幸せだね」ということで意見があってしまったのだ。

それなら、誰だって幸せになりたくて生きているのだからその思いに沿って動くしかない。

幸い、ぼくの仕事はおもちゃ作家から物書きに変わっていた。

ネットの発達のおかげで、書いた原稿はメールに添付して送れるようになり、なにがなんでも東京近郊にいる必要はない。

そこで広くてきれいで、かつ都会にも一本で出て行かれるというあたりで土地をさがそうと、高校時代に山岳部で通って土地勘のある八ヶ岳の裾野を歩いた。

やがて森に囲まれた気持ちのいい草原が見つかり、あちこちに頭を下げて費用を捻出して購入した。

放浪癖のある自分が家を建てるのは、人生後半の生き方を決めるに等しいから決断は勇気がいったが、この賭けは当たりだった。

庭からは八ヶ岳がきれいに見えてそれだけでいつも嬉しいし、高原の清涼な空気のおかげで健康になったし、性格すら陽気になった気がする。

おかげで四季折々に美しい森を散歩しながら暮らせている。

偶然だが娘の朋子も結婚して同じ町に住んで、二人の子どもを連れてしょっちゅう遊びに来る。

もうひとつの大きな変化として仕事が変わった。

前述のとおり、おもちゃ作家から児童書作家に化けた。

いくつかの児童書出版社とつながりができ、ミステリーや時代物やおばけ話やいろいろ書かせていただいた。

中にはそれなりにヒットした作品もあって、小学校に行くと子ども達に囲まれる。

絵本は親が買い与えることが多いが、児童書は小学生が学校図書館で借りて読むことが多い。

だから親の知らないところで子ども達と直接つながれる。

ぼくも絵本好きな大人のうんちく話にももちろん耳を傾けるが、小学校の教室で給食をいただきながら子ども達とオバカな話をしているのが実は楽しい。

児童書作家のだいご味だ。


仕事はもうひとつある。

ストーリーテラーという。

脚色した民話や創作の話にことば遊びをまじえて語る「ものがたりライブ」のステージを図書館や小学校でやらせてもらっている。

絵本を読みがたりする大人は大勢いるが、素話となるとぐっと減る。

それがかえって新鮮なのか、親子連れが大勢来て、とんち話やおばけ話に聞き入ってくれる。

児童書を書くのも、民話を語るのもどちらも物語を扱ってはいるが全然違う技術だ。でも、どちらも楽しいので思いついた話を「これは文にした方がいい」「これは語るのがいい」と考えてえりわけ、二刀流でやっている。

学校を出てからここまで、二〇代は保父、三〇代はおもちゃ作家、四〇代は児童書作家を生業にし、五〇代からはそれにストーリーテラーという看板が加わった勘定だ。ずっと子ども畑なので児童福祉や教育に熱心な人と勘違いされるが、そういう気負いはない。

たまたま保育の国から歩き出したので、見える景色が子どもがらみになっているだけだ。

一〇年ごとに仕事を変えてきたのは、ぼくとしてはごく自然で、山道をのぼって尾根に出ると向こうに別のかっこいい山が見えてきてそっちに行きたくなってしまうのに似ている。

ある仕事をしたことで初めて次の世界が見えてくるのだから今までの仕事は無駄では

ない。

また修業しなおすことになるが、その登り道自体を楽しむのが人生だからかまわない。高みに登って行くのが人生の成功に近づく道とはまったく思っていない。

向上心より向横心といってもいい。

だからよく大人が子どもに「大きくなったらなんになりたい?」と尋ねるが、その訊き方は微妙にずれていると思える。

それは「夢はひとつでなければいけない。職業はひとつでそれをやめずに一生続けるのがまともな人生だ」という大人の思い込みを順送りで子どもにすりこんでいる。

正しくは「まずはなにをめざす?」と訊くのがいい。

人生という山をどこの登山口から登りたいかということでルートは何本もあるし、変更も二刀流もありだ。

夢は無限で人生は有限だから、やりたいことはどんどんやらないとまにあわない。

隆が四歳の時に「パイロットとパン屋の両方やりたい」と言っているが、今でもとてもいい考えだなあと思う。

さて、今度は隆の話。

今は三七歳。長野県の小諸市で一人暮らしをしている。

小淵沢とは八ヶ岳をはさんで車で一時間くらいの距離で時々フラッとやってくる。

前回の「あとがき」の続きから書くと、高校三年になって、さて次はどうするかとなった時、自然界を相手にする道に行きたかったようだ。

そこで当初は都内の環境系学科のある大学のパンフを取り寄せたりしていたが、その途中で新潟の妙高山の山麓に森林ガイドや山岳ガイドなどアウトドアで働く者を養成する専門学校があるのを知った。

聞けば学生は毎朝、登校するとリュックをせおって先生といっしょに近くの山や森に行き、夕方戻ってくるのが日課なのだそうだ。

豪雪地帯だから冬は当然、雪の中で活動することになる。

隆はそれに関心を示し、ぼくも東京で自然のことを知識として蓄えるより、自然のことは自然に聞くのがいいのだから「それはいいね」と推した。

さて少し脱線する。

インタビューにも時々出てくるが、隆にはふたつ年上の姉がいる。朋子と言う。

その朋子は高校を出ると韓国に渡った。

通った高校が韓国の高校と交流があって相互訪問のプログラムがあり、そこで訪韓してから俄然、韓国を深く知りたいと思ったらしい。

そうなると韓国語学科がある都内の学校に行くより、なにもわからなくとも現地に行った方がいい。

韓国には外国人が韓国語を学ぶための語学堂という専門学校がある。

そこに入れてもらおうといっしょにソウルに行き、下宿をさがし、手配をした。

高校出たての娘を異国の街角に一人で置いて帰ってきたときはさすがに少々不安になったが、なに、若者は親元を離れた自由さの方を喜んでいるものだ。

案ずるより産むがやすしで、朋子は語学堂に通い、ひととおりの読み書きができるようになると今度はソウルの大学の入試をうけて合格し、日本語の家庭教師のアルバイトをしながら卒業して戻ってきた。

おかげで通訳も翻訳もできるようになった。

もちろん、読解や文法だけなら日本でも学べるが言葉は時代とともにどんどん変わっていくものだ。

現地に行って現地の若者の使う今の言葉を現地の空気と共に吸収することに意味がある。

若い人にはそれだけの手間をかける時間があるし、勉強に合理性を求めることはない。

小中学校の勉強は先生に引率されて学問の基礎となる大通りと名所を歩く安全なパッケージツアーだが、高校以降は一度歩いた大通りからかいま見た路地の奥へ自分で自由に行く旅をするのがいい。

話を戻して隆についても同様だ。

自然について勉強したいなら狭山市の家から都内の大学に通学するより自然の中に飛び込んだ方がいい。

本人も家を出たいだろうし、自然のことは自然にきくことだ。

今、大事なのはそれをきくための耳目を育てる時間を用意することで、いきなり知識をためこんでも知識以上のものにはならない。

というわけで妙高の学校に行き、野山を三年歩き回って無事卒業した。

今はネイチャーガイドをしている。

登山者をサポートしてピークハントする事もあれば、小学校の団体登山を先導することもあって毎日楽しいらしい。

さらにいつのまにか野生動物についての講義もするようになった。

あるテーマについて九〇分しゃべるのは体力勝負の山歩きとはまた別の力だから、やはり二刀流と言える。

四歳の時夢見た「パイロットとパン屋」にはならなかったが、ひとつにおさまりきれない傾向は小さいうちから見えていたことになる。

野球少年からサッカー少年に早変わりしたのも憧れを原動力とすることだし、あとで振り返ると、人生には子ども時代にちゃんと予兆や伏線があると気づく。

書きとめたからわかったことだ。

ぼくとの関係でいうと二人で西表島のジャングルや屋久島の杉の森にテントを担いで行ったこともあるし、ネパールの山道を歩いたこともある。

数年前に久しぶりに家族全員で黒斑山《くろふやま》に行った時は、隆は朋子の子をしょいこで背負って急坂を二時間かけて登った。

着いた山頂ではさらに鍋やら水やら人数分の昼食の材料を出してきて、その馬力に家族全員が驚かされた。

もう、ぼくは加減してもらわないと、いっしょのペースでは登れない。

山に限らず、すでに追い越されている部分も多く、もう聞かれないかぎり、こちらからアドバイスすることはないだろう。

だからこれ以上書くことはないのだが、逆に長い間インタビューにつきあってくれたお礼の意味で宣伝を少しだけ。

隆は「October Deer」(十月の鹿)という事務所を持っていて、そこでは浅間山や八ヶ岳周辺の森を案内するプログラムを用意している。

なかでもみんなでカモシカをさがしに行く日帰りツアーは評判がいいらしい。

野生動物だから百パーセントとはいかないが隆が案内する道だとかなりの確率でカモシカと会えるのだそうだ。

今まで山登りは「頂上まで行けたら成功で、途中で引き返したら敗退」という見方が長くあった。

でも、上でなく横というのもあるのだし、勝ち負けの考え方から抜けだせると、新たな山の楽しみ方が見えてくる。

山道の途中で隆から自然界のいろいろな話も聞けるだろうし、いいプログラムだと思うので興味がある方はどうぞ。

この本は岩波書店の「今ここに生きる子ども」シリーズの一冊として世に出て、さらに新潮OH!文庫に入れていただき、縁あって今度はちくま文庫に仲間入りさせていただだくこととなった。なんとも幸運な本だ。

その間にパソコンやスマホが普及した。そういうものに弱いぼくでさえネットに日記を書いたり、ツイッターで子どもや子どもの本のことについて発信するようになった。

当然、子どもの社会も大きく変わったわけで、若い親には今の子の価値観と違うと思えるところもあったかもしれない。

また、本文の中には今となっては時代遅れのものもあるだろうし、野球選手やサッカー選手の名もすでに知らない人の方が多いかもしれない。

そこをいくらか危惧したが、ちくま文庫の編集部の窪さんは「いや、まったく問題ありません！」と力強く言ってくれた。

なにか普遍的な部分があると見ていただいたのだろう。

なんともありがたいことだ。

改めてこの本にかかわってくださったすべてのみなさんに感謝します。

さようなら。

二〇二二年九月

杉山　亮

October Deer

杉山隆さんが代表を務めるネイチャーガイドを提供する団体

ホームページ：https://octoberdeer.com/

杉山亮

なぞなぞ工房　ON THE WEB（ホームページ）：http://sugiyama-akira.jp/index.html

ツイッター：@nqaOAaBRPlMvwlK

詩（中扉裏）

谷川俊太郎

本文イラスト

杉山亮

・本書は、一九九六年十二月岩波書店より「今ここに生きる子ども」シリーズの一冊として刊行され、
二〇〇〇年十月に新潮ＯＨ！文庫として文庫化されました。
・今回の刊行に際しまして再編集の上、「ちくま文庫のためのあとがき」を加え、再文庫化しました。

ねにもつタイプ　岸本佐知子

何となく気になることにこだわる、ねにもつ。思索、奇想、妄想はばたく脳内ワールドをリズミカルな名短文でつづる。第23回講談社エッセイ賞受賞。

TOKYO STYLE　都築響一

小さい部屋が、わが宇宙。ごちゃごちゃと、しかし快適に暮らす、僕らの本当のトウキョウ・スタイルはこんなものだ！　話題の写真集文庫化！

自分の仕事をつくる　西村佳哲

仕事をすることは会社に勤めること、ではない。仕事を「自分の仕事」にできた人たちに学ぶ、働き方のデザインの仕方とは。（稲本喜則）

世界がわかる宗教社会学入門　橋爪大三郎

宗教なんてうさんくさい⁉　でも宗教は文化や価値観の骨格であり、それゆえ紛争のタネにもなる。世界宗教のエッセンスがわかる充実の入門書。

ハーメルンの笛吹き男　阿部謹也

「笛吹き男」伝説の裏に隠された謎はなにか？　十三世紀ヨーロッパの小さな村で起きた事件を手がかりに中世における「差別」を解明。（石牟礼道子）

増補　日本語が亡びるとき　水村美苗

明治以来豊かな近代文学を生み出してきた日本語が、いま、大きな岐路に立っている。我々にとって言語とは何なのか。第8回小林秀雄賞受賞作に大幅増補。

子は親を救うために「心の病」になる　高橋和巳

子は親が好きだからこそ「心の病」になり、親を救おうとしている。精神科医である著者が説く、親子という「生きづらさ」の原点とその解決法。

クマにあったらどうするか　姉崎等　片山龍峯

「クマは師匠」と語り遺した狩人が、アイヌ民族の知恵と自身の経験から導き出した超実践クマ対処法。クマと人間の共存する形が見えてくる。（遠藤ケイ）

脳はなぜ「心」を作ったのか　前野隆司

「意識」とは何か。どこまでが「私」なのか。死んだら「心」はどうなるのか。――「意識」と「心」の謎に挑んだ話題の本の文庫化。（夢枕獏）

モチーフで読む美術史　宮下規久朗

絵画に描かれた代表的な「モチーフ」を手掛かりに美術を読み解く、画期的な名画鑑賞の入門書。カラー図版約150点を収録した文庫オリジナル。

猫語の教科書　ポール・ギャリコ　灰島かり訳

ある日、編集者の許に不思議な原稿が届けられた。それはなんと、猫が書いた猫のための「人間のしつけ方」の教科書だった……!?　（大島弓子）

猫語のノート　ポール・ギャリコ　西川治写真　灰島かり訳

猫たちのつぶやきを集めた小さなノート。その時の猫たちの思いが写真とともに1冊になった。『猫語の教科書』姉妹篇。　（大島弓子・角田光代）

アーサー王の死　中世文学集Ⅰ　T・マロリー　厨川《くりやがわ》文夫／圭子編訳

イギリスの伝説の英雄・アーサー王とその円卓の騎士団の活躍ものがたり。厖大な原典を最もうまく編集したキャクストン版で贈る。　（厨川文夫）

炎の戦士クーフリン／黄金の騎士フィン・マックール　ローズマリー・サトクリフ　灰島かり／金原瑞人／久慈美貴訳

神々と妖精が生きていた時代の物語。かつてエリンと言われた古アイルランドを舞台に、ケルト神話に名高いふたりの英雄譚を1冊に。　（井辻朱美）

ギリシア神話　串田孫一

ゼウスやエロス、プシュケやアプロディテなど、人間くさい神々をめぐる複雑なドラマを、わかりやすく綴った若い人たちへの入門書。

ケルト妖精物語　W・B・イエイツ編　井村君江編訳

群れなす妖精もいれば一人暮らしの妖精もいる。不思議な世界の住人達がいきいきと甦る。イエイツが贈るアイルランドの妖精譚の数々。

ケルトの薄明　W・B・イエイツ　井村君江訳

無限なものへの憧れ。ケルトの哀しみ。イエイツ自身が実際に見たり聞いたりした、妖しくも美しい話ばかり40篇。（訳し下ろし）

ケルトの神話　井村君江

古代ヨーロッパの先住民族ケルト人が伝え残した幻想的な神話の数々。目に見えない世界を信じ、妖精たちと交流するふしぎな民族の源をたどる。

ムーミン・コミックス　セレクション1
ムーミン谷へようこそ　トーベ・ヤンソン＋ラルス・ヤンソン　冨原眞弓編訳

ムーミン・コミックスのベストセレクション。1巻はムーミン谷で暮らす仲間たちの愉快なエピソードを4話収録。オリジナルムーミンの魅力が存分に。

ムーミン・コミックス　セレクション2
ムーミン一家のふしぎな旅　トーベ・ヤンソン＋ラルス・ヤンソン　冨原眞弓編訳

ムーミン・コミックスのベストセレクション。2巻は日常を離れ冒険に出たムーミンたちのエピソードを4話収録。コミックスにしかいないキャラも。

ちくま文庫

子《こ》どものことを子《こ》どもにきく
「うちの子《こ》」へのインタビュー　8年間《ねんかん》の記録《きろく》

二〇二二年十一月十日　第一刷発行

著者　杉山亮（すぎやま・あきら）
発行者　喜入冬子
発行所　株式会社　筑摩書房
東京都台東区蔵前二―五―三　〒一一一―八七五五
電話番号　〇三―五六八七―二六〇一（代表）
装幀者　安野光雅
印刷所　明和印刷株式会社
製本所　加藤製本株式会社

ISBN978-4-480-43848-5　C0137